TU FUERZA INTERIOR

TU FUERZA INTERIOR

Potencia tus fortalezas para lograr el cambio

Bernardo Stamateas

GRUPO ZETA

Barcelona • Madrid • Bogotá • Buenos Aires • Caracas • México D.F. • Miami • Montevideo • Santiago de Chile

1.ª edición: mayo 2017

© Bernardo Stamateas, 2016
© Ediciones B, S. A., 2017
    Consell de Cent, 425-427 - 08009 Barcelona (España)
    www.edicionesb.com

Printed in Spain
ISBN: 978-84-666-6164-5
DL B 8085-2017

Impreso por Unigraf, S. L.
Avda. Cámara de la Industria, 38
Pol. Ind. Arroyomolinos, 28938 - Móstoles (Madrid)

Mamá, te amo. Eres la mejor.
Tu gran corazón y tu ejemplo me han inspirado
cada día de mi vida para ser mejor persona,
soñar en grande, amar a Dios y saber
que siempre hay fuerza dentro de nosotros.

Índice

Introducción 13

FORTALEZA 1
**Acariciar y ser acariciado nos da fuerza interior
para alimentar nuestra vida** 17

FORTALEZA 2
**Construir vínculos afectivos nos da fuerza
interior para construir una madriguera afectiva** . 25

FORTALEZA 3
**Decir «sí» y «no» nos da fuerza interior para
caminar con seguridad** 35

FORTALEZA 4
**El amor inteligente nos da fuerza interior para
salir de los lazos del cazador** 43

FORTALEZA 5
**El reflexivo gana fuerza interior y el impulsivo
pierde siempre** 53

FORTALEZA 6
Formar el cerebro de pareja nos da fuerza interior
para tener un «nosotros»   61

FORTALEZA 7
Identificar y atesorar las actitudes buenas de los
demás nos da fuerza interior para completar
nuestra madurez   71

FORTALEZA 8
La capacidad de aprender de las crisis nos da
fuerza interior para transformar el error
en crecimiento   81

FORTALEZA 9
La ecpatía nos da fuerza interior para
distanciarnos y administrar situaciones difíciles .   91

FORTALEZA 10
La resiliencia nos da fuerza interior y nos permite
salir fortalecidos de las crisis   99

FORTALEZA 11
Ser responsables nos da fuerza interior para
pensar qué hacer en cada situación   107

FORTALEZA 12
Actuar frente a los problemas nos da fuerza
interior para disolver toda la ansiedad   119

FORTALEZA 13
Caminar el dolor acompañados nos da fuerza
interior para sanarnos estando juntos   129

FORTALEZA 14
Lo que celebramos nos da fuerza interior para
atraer hacia nosotros lo que anhelamos   139

FORTALEZA 15
Utilizar nuestros recursos internos nos da fuerza interior para descubrir cosas que ignorábamos tener 149

FORTALEZA 16
Construir intimidad nos da fuerza interior, porque fortaleza interna equivale a victoria externa 161

FORTALEZA 17
Utilizar el proceso «de arriba hacia abajo y de adentro hacia fuera» nos da fuerza interior para sanarnos 169

FORTALEZA 18
Los amigos nos dan fuerza interior y nos nivelan hacia arriba 177

FORTALEZA 19
Admirar nos da fuerza interior; envidiar nos debilita 183

FORTALEZA 20
Lo interior nos da fuerza interior porque siempre es más fuerte que lo exterior 195

FORTALEZA 21
Poner una medalla de oro otorga fuerza interior: todos necesitamos a alguien que nos elogie 203

FORTALEZA 22
Reconocer nuestro conflicto nos da fuerza interior para avanzar en la vida con más fuerza . 213

Bibliografía 221

INTRODUCCIÓN

Hoy en día mucho se habla del «síndrome de Peter Pan» o del «síndrome de Wendy». Ambos hacen referencia a personas con dificultades para crecer, que se han quedado en la comodidad, en la quietud, en la búsqueda del placer y del no-esfuerzo. También se habla de los «jóvenes ni-ni», que ni trabajan ni estudian, y de «padres ni-ni», a los que ni les importa ni les interesa nada.

Algunas personas me han contado que al conversar con su madre o su padre los perciben atascados en las mismas problemáticas de siempre. Son padres que no han crecido, que se han quedado detenidos en el tiempo. No crecer es morir antes de tiempo. Fuimos creados para desarrollarnos, crecer y avanzar.

Podríamos comparar la evolución en la vida del ser humano con un arco que incluye la niñez, la adolescencia, la juventud, la adultez y la vejez. La mayoría de las personas piensan que hay una etapa óptima en sus vidas, que es la juventud, y que después viene, indefectiblemente, el declive. Su lema es: «Yo quiero sembrar en la primera mitad de mi vida para luego cosechar.» Imaginan que cuando sean mayores echarán mano de una caña y se irán a pescar.

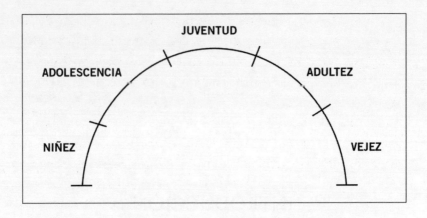

Sin embargo, también es posible ver la vida desde otra perspectiva: como una escalera. Imaginemos que somos como una luz que va en aumento. Es decir, que vamos creciendo a medida que pasan los años. Esta visión nos transmite el mensaje de que, más allá del deterioro físico que todos tengamos a partir de los cuarenta años, interiormente podemos seguir creciendo.

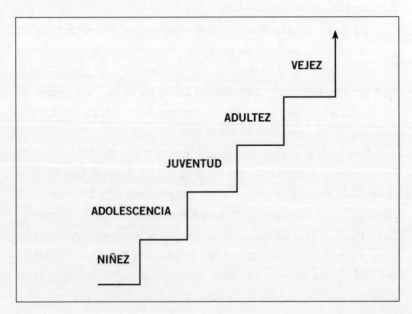

Uno de los principios fundamentales para crecer y desarrollar nuestra fuerza interior es la capacidad de mirarnos a nosotros mismos, conocida como «introspección». Mirarme a mí mismo me permite saber qué estoy pensando, cómo estoy funcionando, en qué áreas me está yendo bien y en cuáles me está yendo mal.

Esa capacidad de mirar hacia dentro nos conduce a un gran descubrimiento: que en nuestro interior existe una caja llena de recursos extraordinarios y fortalezas, que ya empleamos en alguna situación de crisis que atravesamos en el pasado. Esos recursos están allí, solo tenemos que reconocerlos y volver a hacer uso de ellos.

En este libro hallarás algunos de esos recursos y fortalezas que ya se encuentran dentro de ti. Como suelo decir, ningún libro le cambia la vida a nadie, ni es una varita mágica. La presente obra solo intenta ser una guía para que, juntos, seamos capaces de «ver» esa enorme caja de recursos y fortalezas y utilizarlos para adquirir fuerza interior y disfrutar de la apasionante aventura de la vida, lo cual significa seguir creciendo hacia delante.

BERNARDO STAMATEAS

FORTALEZA 1

Acariciar y ser acariciado nos da fuerza interior para alimentar nuestra vida

1. CARICIAS Y AMOR SANO

Todos necesitamos amar y ser amados. El verdadero amor no consiste en regalar un osito de peluche, dedicar una canción o cambiar la situación sentimental en el muro de Facebook. El amor verdadero valora, respeta, sirve a los demás y es capaz de sobreponerse a la diversidad de circunstancias desfavorables a que a menudo debemos enfrentarnos. Hacer algo por amor implica poner empeño, invertir, esforzarse, y todo sin esperar nada a cambio. Y las caricias, tan importantes y necesarias para todo ser humano desde el primer día de vida, constituyen parte de ese amor.

2. LA IMPORTANCIA DE LAS CARICIAS A LO LARGO DE LA VIDA

La caricia es un estímulo amoroso. Todos necesitamos ser acariciados, desde que nacemos hasta que morimos. Las caricias son ladrillos que se van agregando en la construcción de nuestra vida. Cuando una madre acaricia a su bebé y lo mima, le está dando alimento afectivo, algo absolutamente indispensable para un crecimiento saludable. El bebé necesita que se lo sostenga en brazos, se lo mire, se lo abrace, se lo acaricie. El calor físico, el contacto con el cuerpo de sus padres, hace que la criatura se sienta amada, cuidada y protegida.

A medida que el niño va creciendo, los padres no solo lo acarician físicamente, sino con acciones: lo toman de la mano, lo llevan a la escuela y van a buscarlo, le controlan los deberes, le preparan el desayuno o la merienda, etc. Cada acción que realizamos hacia nuestros hijos es una caricia que lo acompañará durante toda su vida.

Todos los seres humanos necesitamos, desde el nacimiento hasta el último día, el contacto corporal con el otro. Sin embargo, en la adolescencia, muchas veces los chicos evitan el contacto físico. En esta etapa nuestros hijos comienzan a diferenciar lo que es una caricia física de lo que es una caricia sexual, y esta es la razón por la que necesitan distanciarse físicamente de nosotros. A nuestros hijos tenemos que abrazarlos, quererlos y, obviamente, acariciarlos; pero en el trascurso de la adolescencia lo fundamental será acariciarlos con acciones y palabras.

Las palabras también acarician: cada vez que los aconsejamos, cuando conversamos con ellos e intercambiamos ideas, les estamos dando caricias que necesitan para su sano crecimiento y evolución hacia la juventud. De esta manera, cuando dejen atrás la adolescencia y se transformen en jóvenes, ya tendrán incorporada la caricia física, las acciones y las palabras.

Por último, llegamos a la vejez. El anciano también necesita caricias físicas, acciones y palabras. En el caso de las caricias físicas, tienen que ser más fuertes, porque la piel, las arterias, el sistema nervioso, están envejecidos. Cuando saludamos a una persona mayor, tenemos que apretarle fuerte la mano o palmear su hombro con decisión.

3. LAS CARICIAS EN LA PAREJA

Por desilusión o rutina, con el tiempo muchas parejas van perdiendo el hábito de las caricias. Tanto la mujer como el hombre echan de menos ese contacto físico, ese roce que experimentaban juntos en los primeros años de la relación. ¿Cómo deberían funcionar las caricias en la pareja? Veamos dos ideas prácticas:

a. Respetar el contexto
Una pareja de adolescentes enamorados no tiene reparos en darse un beso, abrazarse en la calle o en medio de una plaza, y no les molesta ser vistos por otros, porque no hay contexto para ellos. Pero a medida que van creciendo comienzan a valorar y evaluar el contexto. Así, por ejemplo, ella quiere que él le dé un beso en el trabajo, pero él no quiere hacerlo en la oficina, frente a las cámaras de seguridad que los están grabando. Cada uno en la pareja evalúa el contexto de distinta manera. A ella no le importa el contexto, sino la caricia, el contacto físico; a él también le importa la caricia, pero además le importa el contexto. Él no quiere ser visto en el trabajo

besándola, pero de todos modos la besa, no sin antes mirar a los lados a fin de asegurarse de que nadie lo ve, y, claro, no disfruta del beso. Ella percibe su incomodidad y le reprocha: «Ya no me quieres como antes, te importa más este trabajo que mi amor», y allí comienza una discusión. Es muy importante respetar el contexto.

b. Disfrutar ambos

No sirve que solo un miembro de la pareja disfrute de las caricias; siempre ha de haber una mutua satisfacción. Y esto no solo es aplicable al ámbito de la pareja. Por ejemplo, una abuela quiere besar a su nieto, pero el niño le dice: «Abuela, no quiero un beso.» La criatura no quiere que lo acaricien; un niño no es como una mascota que siempre viene a uno para que lo acaricie. La abuela no comprende esta situación, ella cree que en cualquier momento puede decirle a su nieto «Ven acá» y darle un beso; sin embargo, eso no es acariciar. ¿Os ha pasado alguna vez que estabais conversando con alguien y de pronto este os tomó por el hombro y os puso su mano en la cintura? Seguramente pensasteis: «¿Qué le pasa?» Esa persona no estaba acariciando, sino pensando en sí misma, en lo que ella siente.

Una caricia sana es aquella en que ambos disfrutan; y para que sea así tiene que haber empatía, es decir, a los dos les tiene que gustar. Esa es la manera correcta de acariciarse, y debería ser una dinámica de pareja que se va construyendo a lo largo del tiempo. Tanto él como ella deberían ser capaces de decirse: «Ya sé que esta caricia no le gusta y esta sí le gusta», «Sé que ahora no es el momento», «Sé que ahora sí es el momento». Muchos problemas surgen porque uno de los dos toca con la mano, con una acción o con palabras en momentos que el otro no quiere, o de la forma que al otro no le gusta. Las parejas sanas saben cuándo, cómo y dónde acariciarse, y todo surge espontáneamente. Así funciona la empatía en la pareja. Por eso es fundamental explicitar, expresar, decir: «Esto me gusta», «Esto no me gusta», «Ahora quiero», «Ahora no quiero». Y no me refiero a sexo, sino a la caricia física afectiva. En ciertas parejas ambos piensan: «Si me ama, tiene que saber lo que necesito, y debe ser espontáneo.» Lo cierto es que resulta necesario hablar y manifestarle al otro lo que uno quiere. Esta es la manera sana de ir construyendo el vínculo. Llegará un momento en que lo que se habló ya no se hablará más, porque la información se habrá incorporado; entonces la pareja funcionará bien, dado que ambos se conocen.

4. ALGUNOS MITOS RESPECTO A LAS CARICIAS
   DE LOS QUE NECESITAS LIBERARTE

* **Mis padres no me acariciaron, por eso no sé acariciar.**
  Falso. Esto no explica por qué una persona no sabe acariciar, ya que los hechos del pasado no determinan lo que esa persona hace hoy. Lo que hacemos en el presente depende exclusivamente de nosotros. Si hoy no acaricio, puedo explicar que en mi niñez no tuve carencias afectivas y por eso no sé acariciar, o puedo decir la verdad: que no acaricio porque tengo vergüenza, miedo o simplemente porque no estoy acostumbrado a hacerlo. Nuestro comportamiento de hoy no depende del pasado, lo que vivimos antaño no es excusa para no cambiar. Podemos decir: «Soy besucón porque vengo de una familia donde nos dábamos

besos continuamente», pero la verdad es que somos besucones porque elegimos ser así. Tenemos libertad para cambiar todo aquello que no nos agrade o nos haga mal. Así pues, no culpemos al pasado, ya que, aunque se puede explicar, no determina nuestro presente.

- **Mis padres no me amaron, me rechazaron totalmente.**
  Falso. Mucha gente me ha dicho: «Mis padres me abandonaron», «Mis padres me rechazaron», «Mi padre me pegaba», «Mi madre nunca me quiso». Tal vez no nos quisieron como hubiésemos deseado, o quizá nos hubiese gustado que nos quisieran más. Sin embargo, nadie puede decir que no lo amaron en absoluto. Si este fuera el caso, hoy tendríamos una incapacidad total y todos los recursos disminuidos para enfrentar la vida.

- **Mis abuelos me acariciaban, pero mis padres no.**
  Falso. Porque esos abuelos que acariciaban fueron los padres de uno de nuestros progenitores. Muchas veces nos formamos esas ideas porque nos hubiese gustado ser acariciados de otra manera, ya que el amor tiene indicadores distintos a lo largo de la vida. Por ejemplo, alguien puede decirme: «¡Qué alegría verte!», sin que eso sea un indicador de amor o cariño. De hecho, los vendedores siempre se alegran al vernos entrar en su negocio y nos tratan con afecto, pero eso no significa que nos amen; solo que están interesados en que les compremos lo que venden. Todos tenemos distintos indicadores. Quizá cuando esperábamos una acción nos dieron una caricia física, o

cuando necesitábamos una caricia física nos dieron una palabra. Es importante que aprendamos de los distintos indicadores. Pero las caricias siempre son necesarias.

Todos los seres humanos necesitan el amor expresado a través de las caricias, ya que la caricia afectiva es el combustible y la fuerza de sentirse amado y de poder amar. ¡Hagámoslo, acariciemos cada vez más y cada vez que podamos!

FORTALEZA 2

Construir vínculos afectivos nos da fuerza interior para construir una madriguera afectiva

1. LO QUE NO DECIMOS

Hoy en día existen muchos problemas de pareja, ya sea de violencia de género, de infidelidad o de adicciones de diversa índole, por mencionar solo algunos. ¿La razón? Entre los muchos factores que existen, está la imposibilidad de construir un vínculo afectivo.

¿Qué es el vínculo afectivo?

Cuando una persona dice: «Quiero que me digas que me amas», el problema no es el planteamiento verbal, sino el no verbal. Toda vez que falla el vínculo no verbal, la pareja demandará palabras: «Dime que me quieres.» Pero la verdadera cuestión es lo no verbal, y, a pesar de que la persona declare «Te amo», no se resolverá el conflicto, porque se está buscando confirmar algo que no es verbal. Uno desea lo verbal porque cree, o tiene la ilusión, de que así la relación de pareja mejorará. Pero el problema nunca es lo verbal, sino lo no verbal. ¿Qué es lo no verbal? Supongamos que le doy las llaves de mi casa a un amigo porque confío en él. No necesito decirle: «Te doy las llaves porque confío en ti.» Simplemente le doy las llaves porque hay un vínculo ya consolidado entre los dos, un sincero interés mutuo que no precisa de lo verbal.

¿Recordamos cuando nos enamoramos por primera vez? Cuando estamos enamorados, en la primera etapa de la relación, el cuerpo habla más que las palabras. Nuestro primer lenguaje es el cuerpo. Si en una entrevista dijera: «Estoy abierto a todas las preguntas que quieran hacerme», pero me cruzo de brazos, mi cuerpo estaría diciendo que, en realidad, no estoy abierto. Si un hombre intima con una mujer que le gusta de verdad y le dice sinceramente «Te amo», lo no verbal (el cuerpo) coincidirá con lo verbal. En cambio, si ese hombre solo le dice que la ama y no se lo demuestra con sus actitudes, entonces lo verbal no coincidirá con lo no verbal.

En la primera etapa de una pareja, generalmente la actitud corporal de interés sincero coincide con lo verbal. La manera en que el hombre del ejemplo anterior se acerca y mira a su amada es refrendada por lo verbal. En una segunda etapa, el hombre se acerca a la mujer porque tiene un interés sincero corporal que sella con un «Te quiero, ¡qué guapa estás!». Y más adelante en la relación, ya no le dice que la ve hermosa, simplemente la mira, porque el vínculo ya está consolidado: el lenguaje no verbal se ha afianzado y él no necesita decirle nada. El vínculo, entonces, es el interés sincero por el otro.

Ahora bien, cuando una pareja funciona mal, lo que hay que recomponer no son las palabras, sino la conexión no verbal. ¿Y cómo se hace?

Primero, es preciso mencionar lo que no se debe hacer.

Una relación no se reconstruye pidiéndole al otro: «Dime que me amas; dime que estás interesada en mí; dime que soy bonita; dime que soy atractivo.» Eso no lo resuelve. Tampoco se reconstruye entregándole al otro un listado de todos los «yo quiero...»: «Quiero que vayamos al cine; quiero que me trates bien; quiero que me prepares la comida; quiero llegar y encontrar la casa ordenada.» Ninguna de esas acciones construye el vínculo, porque un vínculo no es una lista de tareas, sino un interés sincero por el otro que se expresa en actos.

Cuando ese vínculo de interés sincero no es sano, uno le reprocha al otro: «Tú no tienes interés en mí.» Pero el vínculo tampoco se reconstruye mediante el reproche, ya que tal actitud es una imposición. El otro dirá: «¿Y cómo quieres que tenga un interés sincero en ti, vista la forma en que me tratas?» A veces se hace algo por obligación, pero en una pareja nada se resuelve por obligación, todo se debe hacer por interés sincero en el otro. Si en una pareja no existe interés por parte de ambos, el vínculo no se consolida.

2. RECONSTRUIR EL VÍNCULO

El vínculo afectivo se puede reconstruir de dos maneras:

• *Recordando los buenos momentos vividos*

Cuando recordamos los buenos tiempos, nos emocionamos y revivimos en el cuerpo lo que sentimos cuando eso ocurrió. Por ejemplo, si recordamos el día que nacieron nuestros hijos, o la manera en que nos conocimos, nos llenamos de emoción. Por eso es importante revivir siempre los buenos momentos. Si yo os preguntara cómo os enamorasteis de él o de ella, seguramente vuestra expresión cambiaría. Necesitamos entrenarnos en reexperimentar, recordar o revivir los momentos bonitos que hemos tenido como pareja y como familia. Es un ejercicio excelente que todos podemos hacer para mejorar el vínculo con nuestra pareja.

• *Reviviendo los momentos difíciles que superamos juntos*

Revivir aquellos momentos tristes pero que finalmente pudimos resolver nos lleva a reexperimentar en el cuerpo el interés sincero que tuvimos por el otro en el pasado. Eso hace también que el vínculo se reconstruya. Recordar tanto las vivencias agradables como las vivencias duras —las pruebas— que atravesamos juntos y superamos nos dará fuerza interior para vivir mejor cada día. Uno revive el dolor, pero también la salida, la unión, y como resultado el vínculo afectivo se reconstruye.

Actualmente vemos mucha gente con heridas afectivas que buscan una solución transitoria y alternativa, pero que en realidad viven dañándose y lastimando a los demás. ¿El motivo? No saben cuidar y reconstruir su vínculo de interés sincero por el otro: aquello que no decimos. Cuando yo tengo ese vínculo afianzado y además expreso «Te quiero», esa actitud es el resaltador de algo que ya existe. Por eso, hay parejas que se entienden con solo mirarse, pero además se dicen que se quieren y resaltan el vínculo. Lo expresan aunque no sea necesario porque el vínculo está consolidado: hay un interés sincero por el otro manifestado corporalmente.

> Amar no es mirarse el uno al otro; es mirar juntos en la misma dirección.
>
> Antoine de Saint-Exupéry

3. EL ARMA MÁS PODEROSA

Aun cuando parece que una mala relación de pareja no tiene vuelta atrás, SIEMPRE es posible reconstruir el vínculo. Y, además de las maneras prácticas que compartimos, necesitamos recordar que varones y mujeres por igual contamos con un arma infalible.

La fe, la esperanza y el amor son tres armas con las que todos los seres humanos contamos; pero la más poderosa, la más excelente, es el amor. Cuando alguien se mueve en amor, suceden cosas extraordinarias. La sociedad se ha encargado de distorsionar lo que es el amor.

Antes de centrarnos en esta herramienta, que puede, literalmente, transformar cualquier situación negativa, analizaremos qué no es el amor.

El amor no es: «Te quiero el sábado y el domingo,
pero de lunes a viernes no te quiero.»

El amor ama todos los días. Cuando un hombre le dice a una mujer «ni», en el fondo quiere decir «no». Cuando alguien expresa: «Te quiero, pero no te amo; no sé bien lo que siento», está diciendo: «No te quiero.»

Cuando uno ama, sabe que ama, y ese amor tiene lugar de lunes a lunes.

El amor no es enamoramiento
Uno cree que es amor, pero es «no te ama». Pura biología. Uno no decide: «Me voy a enamorar pasado mañana», sino que

> **Si alguien duda de que te ama, no te ama.**
>
> **Walter Riso**

se enamora de repente, y eso es pura pasión, pura irracionalidad. El enamorado no ve los defectos del otro, por eso ve al otro perfecto. Este estado dura aproximadamente nueve meses. Es por ello que no es aconsejable comprometernos a largo plazo con menos de un año y medio de conocimiento. Aquel que forma pareja y rompe al año y medio, solo vivió en puro enamoramiento, corriendo el riesgo de luego desilusionarse. ¿Por qué? Porque en el enamoramiento uno le da al otro «la demo»; pero cuando uno se compromete le da «el CD completo». La demo es lo mejorcito, el único tema bueno. Cuando uno se enamora, muestra lo mejor de sí mismo, pero el verdadero amor es paciente y espera. Quien no puede esperar, no está amando, está actuando bajo pasión. Y la pasión no es amor.

El amor no es un sentimiento, es mucho más que eso
Pero si yo creo que es solo un sentimiento, viviré proyectando en el otro. ¿Qué significa proyectar? Por ejemplo, si alguien viene y NOS cuenta que tiene que dar un examen, probad con este ejercicio: pedidle que os pregunte cómo pensáis que le va a ir en el examen y permaneced callados, no contestéis nada. Después de estar un rato en silencio, preguntadle: «¿Qué crees que estoy pensando ahora?» La persona os dirá: «Estás pensando que me va a ir mal en el examen.» Eso es lo que piensa la persona y se denomina «proyección». A veces proyectamos lo negativo y a veces, lo positivo, pero ¿nos basamos en hechos? No; nos basamos en lo que sentimos. Lo que sentimos es nuestra proyección. El amor no es solamente un sentimiento, pues se basa en acciones, no solamente en emociones.

El amor no es un remedio, no cura lo que está mal
Cuando alguien tiene una carencia de afecto, buscará que el otro supla esa carencia. «En mi desarrollo me faltó valoración y por eso quiero que mi pareja me valore»; «En

mi desarrollo me faltó cariño y por eso quiero que el otro me dé cariño». Entonces la persona necesitada va por la vida buscando a alguien que llene o complete lo que le falta. Y en esas situaciones suelen aparecer los psicópatas y los narcisistas, que son expertos en buscar gente necesitada, gente que está esperando que alguien le supla la carencia afectiva. ¿Qué hace el manipulador? Nos da lo que necesitamos y nos hace sentir que tocamos el cielo con las manos. Pero una vez que satisfizo esa carencia, ya sabe que estamos en sus redes y nos aprisiona. Entonces comienza a manipular, a descartar, a maltratar para después abandonarnos.

Todos tenemos carencias, pero no es el otro quien debe sanar nuestra carencia, le corresponde hacerlo a cada uno. Cuando alguien se queja porque no tiene el reconocimiento ni la validación del otro, en primer lugar debe preguntarse si se reconoce a sí mismo. Todo lo que esperas del otro, siempre pregúntate si te lo estás dando a ti mismo. Si te lo das a ti mismo,

> El amor infantil sigue el principio «Amo porque me aman». El amor maduro obedece al principio «Me aman porque amo». El amor inmaduro dice: «Te amo porque lo necesito.» El amor maduro dice: «Te necesito porque te amo.»
>
> Erich Fromm

es muy probable que no vayas a buscarlo en otro. Si el otro te lo da, lo vas a disfrutar porque es un «*bonus track*»; pero no caminarás por la vida con el cartel de «necesitado/a» para que el otro llene un vacío que uno mismo debe llenar.

Muchas personas desean formar pareja y compartir la felicidad, pero tienen vacíos, baches de carencias en la infancia, por ejemplo, la imagen masculina del padre o la imagen femenina de la madre. Esas mismas carencias las trasladan a sus familias o a su pareja expresando, por ejemplo:

«Me siento sola, necesito un hombre.» Si la persona se siente sola, necesita sanar su soledad ella misma; de lo contrario, podrá elegir una persona que primero la convierta en reina y luego, en plebeya.

> Si el amor obstaculiza el desarrollo a mi libre personalidad, es preferible estar solo y libre.
>
> Walter Riso

¿Qué es el amor?

La mejor definición que he conocido del amor es: *dar sin esperar nada a cambio*. Si yo ayudo a alguien y me voy ofendido porque no me dio las gracias, eso no ha sido amor, pues estaba esperando su agradecimiento. «Yo te parí, te crie, te cuidé», dicen algunas madres, y esa no es una actitud de amor porque allí hay reclamo. Cuando amamos de verdad, no esperamos nada del otro. Amamos y damos por el placer de dar, y somos felices porque dimos.

El amor es poderoso porque da por el placer de dar, sin esperar nada a cambio.

Si queremos reconstruir o fortalecer el vínculo afectivo en la pareja, necesitamos tener muy claro que amar es dar sin esperar nada a cambio. Uno tiene que dar a lo largo de toda la vida, porque amar no es posesión, sino generosidad pura. En una relación sana, ambos conservan espacios, ya que ninguno se entrega completamente. No se trata de que al estar en pareja mi mundo afectivo se termina, ni de que cada integrante ceda su libertad, porque cuando uno cede su libertad, todo termina convirtiéndose en una gran monotonía.

> La paradoja del amor es ser uno mismo, sin dejar de ser dos.
>
> Erich Fromm

Cada uno debe mantener sus sueños, sus proyectos, sus amigos, sus gustos.

El amor verdadero es una fuerza extraordinaria, capaz de mover montañas, que transforma y quiebra todo egoísmo en un mundo donde todos dan esperando recibir algo a cambio. Es el pegamento que nos satisface, nos une y nos mantiene así toda la vida. Y cuando el vínculo afectivo está basado en nuestras fortalezas y en el verdadero concepto de la palabra «amor», la fuerza interior que se alcanza servirá no solo para enfrentarse a las dificultades, sino también para disfrutar del placer de amar a quien elegimos.

FORTALEZA 3

Decir «sí» y «no» nos da fuerza interior para caminar con seguridad

1. AQUELLO QUE NOS DAÑA

Todos hemos tenido alguna caída por equivocación o por haber hecho algo aun sabiendo que nos perjudicaba. Cuando uno realiza una acción, esta tiene consecuencias. ¿Qué le pasa al adolescente? El adolescente no ve las consecuencias. El adolescente, al vivir en la inmediatez y al tener una estructura omnipotente, piensa que puede hacer lo que quiere sin medir las consecuencias. Es más, piensa que no hay consecuencias para él. Justamente este es el lema del omnipotente. Este piensa que puede tener una vida sexual sin ninguna precaución porque, al estar «más allá del bien y el mal», nada le sucederá. De esta manera, sus acciones son cada vez más temerarias, sin pensar en las consecuencias.

Un adulto también puede ir por la vida como un adolescente, diciendo: «Yo hago lo que quiero, llego tarde, no me importa cómo se sienten mis hijos y mi pareja.» Si le advierten de que así su matrimonio va mal, responde: «No, no pasa nada.» No mide las consecuencias ni presta atención a las advertencias, porque su pensamiento es similar al del adolescente. Pero, aunque traten de ignorarlo, es inevitable que los insultos, los gritos y los maltratos en una pareja repercutan en la vida de sus hijos.

Lo cierto es que todas nuestras acciones, a cualquier edad, tienen consecuencias.

2. LOS LÍMITES QUE NOS PONEMOS

Si un bebé toca algo caliente no volverá a tocarlo, porque aprende. Lo mismo ocurre con los animales. Pero los adultos nos tropezamos reiteradamente con las mismas situaciones. Imaginemos un cartel al final de la carretera que pone NO AVANZAR. ¿Por qué ponen ese límite? Porque nos están cuidando. Si uno dice «No pasa nada» y sigue avanzando, caerá al abismo.

Los seres humanos vivimos bajo límites. Por ejemplo, tenemos un límite físico. ¿Quién no se ha comido un chocolate entero y le sentó mal? También existen límites sociales. Si nos saltamos un semáforo en rojo, desconociendo el significado de esa señal, podemos causar un accidente, matar a alguien o morirnos. Y si por suerte eso no sucede, tendremos que pagar una multa. Si traspasamos límites en asuntos más graves, podemos incluso perder la libertad. Existen límites culturales, tal vez los más difíciles de definir porque a lo largo del tiempo la cultura mueve sus límites. Lo que hoy es normal, veinte años atrás no lo era. Y tenemos límites familiares. Si tengo una pareja y cometo infidelidad, traspaso el límite, el pacto de exclusividad o fidelidad. Es decir, que hay distintos límites: físicos, sociales, culturales, familiares. Además, hay límites personales, emocionales, espirituales. Por ejemplo, si tengo odio en mi corazón, socialmente eso no está mal porque puedo tener odio mientras no les haga daño a los demás, pero se trata de algo que me hace daño a mí. Podemos movernos por los límites de la cultura e ignorar los límites personales ante todo aquello que nos hace daño. Si persistimos en ello, enfermamos. Si reconocemos lo que nos hace daño, salvaguardamos nuestra salud.

El límite libera y evita que nos hagamos daño. Cuando los padres les ponemos un límite a nuestros hijos, no es para limitarlos, sino, al contrario, para «ilimitarlos». Es decir, que si establezco con claridad «esto está bien y esto está mal», ese chico va a crecer con autoestima y va a tener claro qué puede decidir y qué no puede decidir. Yo tengo que decirle a mi hijo con claridad que robar es malo, que mentir es malo, que engañar es malo, que puede discutir con sus hermanos, pero no tiene que haber agresiones físicas o de palabra. Pegarle a una criatura nunca representa un límite, sino la ausencia de límites. Cuando un padre grita, pega, usa el cinturón o da un bofetón, no marca límites, solo provoca frustración y dolor, lo cual después puede traer grandes conflictos.

Para que uno pueda ponerse límites a sí mismo, necesita el «sí» y el «no». Si los tengo incorporados, no obedezco por temor a que mis padres se vayan a enojar, sino porque es lo que me conviene, o lo que me hace bien, y evito hacer lo que me perjudica. Si tengo interiorizado el sí y el no, entonces los puedo usar.

El psicópata es una persona que no tiene límites porque no lo educaron con el «no», solo con el «sí». Como consecuencia, vive guiado por los impulsos, por los deseos, y transgrede cualquier límite.

> La diferencia entre la estupidez y el genio es que el genio tiene límites.
>
> Albert Einstein

Cuando caminamos con límites, lo hacemos con seguridad, porque sabemos qué está bien y qué está mal, pero cuando transgredimos los límites y hacemos lo que no nos conviene, perdemos la paz. La felicidad tiene mucho márketing. «Hay que ser feliz», escuchamos, pero existe un valor más poderoso: la paz. Reconocer nuestros límites y actuar dentro de ellos, nos trae paz.

3. LIDERAR NUESTRA MENTE

La mayoría de los problemas que tenemos los seres humanos, en especial cuando de fijar y respetar límites se trata, se deben a que no lideramos nuestra mente. Mucha gente no sabe cómo administrar su mente. Por ejemplo, una persona está escuchando una conferencia, pasa alguien caminando por el pasillo del salón e inmediatamente recuerda que tiene que almorzar con ella, o la persona de al lado le comenta algo y se ponen a hablar. Nuestro estilo de vida hoy es de *distracción*. Los problemas de ansiedad han aumentado porque vivimos en un estilo de vida de distracción permanente. Apenas aparece un pensamiento, una idea, nos distraemos. Vivimos distraídos negativamente gran parte del tiempo.

Hay personas que suelen decir: «Yo no invertí tiempo en mi pareja ni en mis hijos.» No se trata de que no haya invertido tiempo, lo hizo pero con distracciones negativas. Otras personas rumian algo todo el día, piensan, piensan y piensan... preguntan: «¿A ti qué te parece?» Analizan todo, pero analizan negativamente, la cabeza comienza a darles vueltas, creen que están pensando, pero en realidad están dando vueltas a las mismas ideas negativas.

Necesitamos aprender a administrar nuestra mente. ¿Qué significa eso? Lograr crear tres diferentes tipos de espacios mentales que convivan, desde no pensar en nada hasta enfocarnos en objetivos precisos en diferentes momentos del día.

- **Primer espacio: no pensar en nada**

Hay momentos para no pensar en nada. ¿Os resulta fácil no pensar en nada? Es un arte. Algunos no logran relajarse, siempre están tensionados y en guardia, y hay momentos en los que hay que relajarse, tomarse un tiempo para sentarse y estar tranquilo. Es entonces cuando surgen ideas creativas, soluciones extraordinarias. ¿Qué nos pasa cuando perdemos algo, lo buscamos sin parar y no lo encontramos? Decimos: «Bueno, no importa, ya lo encontraré.» Y cuando nos relajamos, es cuando sucede: «Ah, ya sé dónde lo puse.»

El primer espacio que necesitamos cada día es un tiempo para no pensar en nada. Lo cual no quiere decir usar el móvil o mirar una película atentamente; quiere decir colgarse totalmente. No hacer nada es no pensar en nada y no analizar nada. ¡Nada!

Los hombres somos muy buenos en eso. «¿Qué estás pensando?», pregunta la mujer. «Nada», contesta el hombre. «¿Qué estás mirando?» «Nada.» Muchas veces vemos la televisión y nos preguntan: «¿Qué estás viendo?», y contestamos: «Nada», porque en realidad no vemos nada.

Nuestra mente necesita relajarse, «no hacer nada», tomarse diez minutos, media hora, una hora o más, para no hacer ni pensar en nada. Cuando no hacemos nada y no pensamos en nada, siempre aparece algo bueno.

• **Segundo espacio: tener una distracción creativa**

Tenemos que crear un momento para pensar relajados, para analizar los hechos y las circunstancias. No se trata de pensar y decirle a otro: «¿A ti qué te parece? Mira lo que me hizo...» Eso no es una distracción creativa, sino rumiar y angustiarse. Se trata más bien de aprender a estar relajado y empezar a tomarnos un tiempo (media hora por día al menos) para pensar bien. Así lo hacía Bill Gates; cuando era niño, un día la madre entró en su habitación y le dijo: «¿Qué estás haciendo?», y él contestó: «Mamá, estoy pensando.» Esta fue la respuesta de uno de los hombres actualmente más ricos del mundo. Las ideas creativas vienen de pronto cuando uno se está bañando, o está relajado, o va caminando (y pensando con tranquilidad).

Bernardo Hussey fue un médico muy importante en Argentina. Era hijo de franceses y fue premio Nobel de Fisiología. Se licenció con diploma de honor, fue profesor de la Facultad de Medicina y recibió un doctorado en Harvard. Un médico que trabajó con él me contó que Hussey era un reloj: a las seis de la mañana entraba en el laboratorio y organizaba las investigaciones, después almorzaba y a la tarde les decía a todos los médicos que trabajaban con él: «Vayan a la biblioteca a leer dos horas.» Todos se iban a leer, pero él se iba a su despacho y se quedaba pensando el cómo y el cuándo durante media hora o una hora. En ese rato que dedicaba a pensar relajado nacían las ideas para las próximas investigaciones. Así llegó a ser premio Nobel.

- **Tercer espacio: tener atención plena**

Lo tercero es la atención plena. Hay momentos en que tenemos que enfocar toda la atención, lo que se llama *atención plena*. La técnica tan difundida que se denomina *mindfulness* consiste en desarrollar la atención plena. Los médicos están hablando de eso, lo cual quiere decir que a los seres humanos nos falta la capacidad de enfocar toda nuestra atención en determinadas circunstancias. Cuando estamos con nuestros hijos, no podemos permitirnos la distracción creativa. Tenemos que poner toda la atención en ese momento. Cuando estamos con la familia, o la pareja, no podemos estar usando el móvil o pensando en otra cosa; tenemos que practicar la atención plena, lo cual significa que en esos cinco o veinte minutos lo único que importa (lo único en que nos enfocamos y a lo único que estamos atentos) es a estar con el otro. Ese tiempo solidifica el vínculo.

Si anhelamos liderar nuestra mente y ser personas fuertes y determinadas que saben decirle que no a lo malo y sí a lo bueno, necesitamos tomarnos tiempo para no hacer nada, para pensar y para hacer foco. Solo así seremos capaces de respetar los límites que nos cuidan y levantarnos rápidamente cuando nos caemos. Sabremos decir «sí» para reconocer el error, y sabremos decir «no» para no quedarnos a vivir en él.

Fortaleza 4

El amor inteligente nos da fuerza interior para salir de los lazos del cazador

1. EL LAZO DEL CAZADOR: EL AMOR QUE
SOMETE

En toda pareja existe un lazo, un vínculo, una manera de relacionarse. Por ejemplo, jugar a un ping-pong que consiste en que cuando uno dice «blanco», el otro dice «negro». En ese juego se establece el lazo que los une. Por ejemplo: ella dice «Quiero trabajar», y él responde «No quiero que trabajes».

Si insulto a una persona, si la agredo, lo más probable es que reaccione negativamente y me devuelva la agresión, que me diga algo para poner un límite o que huya. Pero si vuelvo a insultarla, establezco un lazo que denominaremos «el lazo del cazador».

¿Qué es este lazo?

• *El lazo del cazador es una trampa.* Hay cazadores que buscan establecer vínculos para causar sufrimiento a otros.

El vínculo es un circuito en el que alguien queda atrapado. Uno puede ser muy independiente en muchas áreas y, sin embargo, tener un lazo afectivo.

• *El lazo del cazador implica sometimiento.* La persona atrapada en dicho lazo o vínculo, que puede ser de carácter físico, verbal, sexual o económico, por lo general no es capaz de verlo. Por eso, la familia y los amigos le dicen: «Te está maltratando. ¿Por qué no te vas?, ¿por qué no lo dejas?», y aun así el afectado no lo ve y no puede reaccionar.

Esto se debe a que el lazo se instala de manera sutil. El sometimiento está basado en el temor. El cazador construye su lazo a través del miedo que infunde en su víctima sin que esta se dé cuenta. A continuación viene la violencia, a la que la persona no reacciona por temor, sentimiento que ya se instaló en ella. El cazador es aquel que necesita sentir poder para así controlar, someter, dominar y poseer a los demás. Cuando la presa logra escaparse, irá tras ella no por amor, sino por su herida narcisista de no tolerar que alguien haya escapado de su vida.

Por la misma inseguridad que esta persona siente (aunque muestre que es muy seguro y no necesita de nadie) es que busca dominar al otro, para así sentirse poderoso.

El cazador caza con el miedo.

Supongamos que un hombre es maltratador. Lo primero que utilizará para «cazar» a su víctima será la seducción. En poco tiempo la colma de besos, caricias, abrazos, «te amo», «eres la mujer de mi vida», «eres hermosa», etc. Ella interpretará todo eso como amor. «Él me quiere», pensará, lo cual es lógico si la tratan bien. Pero junto con la seducción aparece el control: «No me gusta que te vistas así»; «Vístete así solo para mí»; «No quiero que llegues tan tarde». Como el control llega mezclado con la seducción, ella lo verá como algo razonable. «Me está cuidando», pensará.

Seducción más control suele ser interpretado como cuidado y afecto.

El cazado tiene áreas de vulnerabilidad, como las tenemos todos. Una de esas áreas es la inseguridad interior. Al carecer de seguridad interna busca idealizar el afuera, necesita a alguien seguro para compensar su inseguridad interior. O sea, compensa en el afuera lo que le falta en su interior. Así establece un vínculo con alguien que tiene seguridad interior e idealiza el seguro o la seguridad exterior que este tiene. Por eso, cuando uno deja de idealizar y trabaja en sus fortalezas internas, es probable que no sea cazado con tanta facilidad.

2. LA APARICIÓN DEL MALTRATO

Hasta aquí todo fue sutil. Pero cuando aparece el lazo en plenitud, el maltratador dirá frases tales como: «Tú no puedes ir sin mí», o «No te vistas así porque los hombres te miran». Es decir, que el mensaje es: «Tú no sabes y no puedes, pero yo sí sé y puedo.» Poco a poco, va minando la capacidad de la otra persona. «No sabes cocinar, mira lo que has hecho, fíjate, que te voy a mostrar cómo se prepara un buen plato.»

Si alguien le dice directamente a una mujer: «Eres una tonta», ella reaccionará porque lo tomará como una agresión. El cazador, en cambio, no agrede de manera directa y

> Es abuso cualquier comportamiento encaminado a controlar y subyugar a otro ser humano mediante el recurso al miedo y la humillación, valiéndose de ataques físicos o verbales.

abierta. Primero tiende un lazo y establece un vínculo, y de ese modo la otra persona es cazada.

Toda vez que alguien nos diga que no tenemos capacidad, a diferencia de él o de ella, estaremos frente al lazo del cazador que busca atemorizarnos. Todo controlador intenta hacerle creer al otro que es incapaz.

Y el paso siguiente al «tú no puedes pero yo sí» es la descalificación, la cual es visible, agresiva y directa. En esta etapa la víctima creerá todo y se dirá (y les dirá a los demás): «Es tal como él dice.» ¿Por qué? Porque el temor, que se fue instalando a través de la seducción más el control, la ataca y la anula. Cuando él le remarque: «No sirves para nada», ella pensará: «Es verdad», y actuará en consecuencia.

Me enteré del caso de una joven a quien su novio solía decirle: «Me gustas gorda, quiero que engordes.» Ella le respondía: «Pero yo vivo de mi cuerpo, soy modelo, no puedo engordar.» «Sí, pero a mí me gustas gorda, así que quiero que engordes.» ¿Por qué quería que engordara? Para ir aislándola y quitándole espacio. Así funciona el lazo. Esta joven empezó a engordar (porque a él le gustaba gorda), dejaron de llamarla para desfilar en las pasarelas y así perdió su trabajo.

En esta pareja se fue instalando la descalificación. Y una vez que esta aparece, hay burlas, rótulos, humillaciones, miradas a otra mujer cuando están juntos o seducir a otra mujer en presencia de ella. Más tarde aparece el golpe físico, pero el temor ya está instalado. Por eso, la persona no puede huir. Ese temor es la sensación de que «no soy capaz» y de que «voy a ser castigada». Cada vez que haya castigo, después vendrá el ramo de flores, un «discúlpame, me arrepiento», pero ya se ha instalado el lazo del temor. El miedo es un lazo que no nos permite crecer.

También hay parejas donde él dice siempre: «Sí, querida.» En este caso, el enlazado es el varón. Seguramente está en una situación de comodidad y lo enlazaron porque no puede responder: «Mira, yo pienso distinto, no estoy de acuerdo contigo.» Lo mismo ocurre en algunos trabajos con el famoso «tú, chaval»: la persona que recibe todas las bofetadas y la tienen asignada para los recados. En el «tú, chaval» actúa el lazo del cazador y la víctima es una persona que tiene miedo de crecer y avanzar en la vida. Por eso es obsecuente y se queja de que la maltratan.

3. EL CICLO DEL MALTRATO

Analicemos gráficamente el ciclo del maltrato que este cazador realiza. Si bien existen varios circuitos, este es el más frecuente:

Lo primero que aparece es la seducción
El maltratador suele dar mucho en poco tiempo: flores, regalos, sorpresas. Obviamente, la otra parte piensa: «Me quiere.» Pero, conjuntamente con la seducción, aparece mezclado el control sutil: «No me gusta que llegues a esta hora»; «No deberías vestirte así cuando sales»; «Esa amiga tuya me parece que no es buena influencia». Todo eso será interpretado como razonable y el pensamiento del maltratado será: «Me está cuidando.»

Veámoslo en un gráfico:

EL MALTRATADOR:	EL MALTRATADO INTERPRETA:
SEDUCE (mucho en poco tiempo).	«Me quiere.»
CONTROLA	Lo ve razonable; piensa: «Me cuida.»

Lo segundo que se instala es el temor
Con frecuencia mediante constantes acciones verbales y gestuales. Las frases más comunes son: «Te has equivocado»; «Tú no puedes»; «Tú no sabes». Y a dicha descalificación se le unirá el: «Yo sí sé.» El mensaje aquí es: «Yo te cuido porque tú no puedes. Pero yo sí puedo; yo valgo, tú no.» Poco a poco, junto con una dosis de seducción, la estima del maltratado se verá cada vez más devaluada, mientras que la del maltratador se agiganta.
Gráficamente:

EL MALTRATADOR DICE:	EL MALTRATADO:
«TÚ NO PUEDES, YO SÍ.»	Siente temor sin darse cuenta.

En tercer lugar surge la descalificación
En esta instancia, el maltratador ya se muestra visiblemente agresivo: «Eso te queda horrible»; «A ti no te da la cabeza». Entonces ejerce control, cela, aísla e ignora al otro, incluso es capaz de seducir a otra persona en presencia del maltratado, humillándolo. La víctima piensa que todo sucede y es como el maltratador dice.

Gráficamente:

EL MALTRATADOR:	EL MALTRATADO:
DESCALIFICA	
De manera más visible y agresiva.	Cree que «las cosas son así».

La última etapa es el golpe físico

Cuando tiene lugar la violencia física, el temor está totalmente instalado y la víctima no es capaz de huir. El temor es doble: a la propia incapacidad («no puedo») y al maltratador (por represalia). También puede surgir la vergüenza social o el hecho de no tener adónde ir. El maltratado siente una mezcla de enojo, temor y arrepentimiento.

El «arrepentimiento del maltratador», que incluye flores, bombones y otros regalos, puede aparecer en cualquiera de las cuatro fases mencionadas, especialmente en la última.

La «justificación del maltratado» puede aparecer en cualquier fase: «Es que está estresado»; «Yo lo provoqué»; «¡Yo lo cambiaré con mi amor!»; etc.

La pareja es ese «tercero» que ambos construyen. Sin esa construcción no hay pareja. Si existe temor de uno al otro, no hay pareja. Si uno decide por el otro, no hay pareja. Si uno controla al otro, no hay pareja. La pareja consiste en ese «nosotros» que tiene como fundamento el amor, el respeto y la felicidad. No decir «no» ante el primer golpe o maltrato verbal es entregarle un poder al otro que luego usará en nuestra contra.

Si os habéis sentido identificados al leer estas líneas, os animo a buscar ayuda profesional con firme decisión, a pesar del temor. También, a escuchar a los amigos y seres queridos que constituyen el «termómetro afectivo», que siempre detectan nuestro nivel de felicidad o de malestar. Tanto hombres como mujeres nacimos para ser libres y caminar juntos, para funcionar en equipo, valorando y enriqueciendo nuestras vidas mutuamente. ¡Jamás deberíamos aceptar otra cosa!

4. EL AMOR INTELIGENTE

Para que una pareja funcione bien, además de que sus integrantes sean personas emocionalmente sanas, es necesario que dos amores tengan lugar en paralelo.

El primer amor es el *amor eros*, es decir, el amor pasional, la atracción, el deseo por el otro. En la mitología griega, Eros era el dios del amor. Pero el amor eros no es sexo solamente, es mucho más que eso. Es aquello que hace que nos sintamos atraídos hacia alguien y que lo deseemos, que nos entusiasmemos, que nos excitemos. *Eros siempre nos atrae*.

Un segundo amor es el *amor filial*, el cual nos une. Mientras que Eros es lo que nos atrae, el amor filial es lo que nos mantiene unidos. Es el amor que cuida, que comprende, que perdona, que escucha, que dialoga, que consolida un «nosotros».

Necesitamos mantener ambas clases de amor para que la pareja funcione exitosamente. Cuando hay una falla en alguno de los dos, nos encontramos ante un «problema de pareja». Es fundamental cuidar los dos amores, porque Eros nos produce ansiedad, debido al ingrediente pasional, y el amor filial nos brinda paz y tranquilidad.

Las parejas que han estado casadas durante más de cinco años saben que el problema que casi todos podemos experimentar después de ese tiempo es que se pierda el amor eros, pero continúa el amor filial. Es decir, «te amo pero no te deseo». Con el correr de los años vamos perdiendo la pasión y permanece el cuidado. En especial, cuando nace el primer hijo. En ese momento este segundo amor crece y los ahora padres dejan de desearse para transformarse en amigos. Se aman y cuidan, pero han perdido el amor erótico. Esto sucede porque cumplen solo el rol de mamá o papá. La mujer maternaliza a todos y se olvida de ser mujer. Maternaliza también a su pareja y lo trata como a un hijo más: «Estás comiendo mucho, acuéstate temprano.» Así lo deserotiza. El varón, por su parte, trabaja todo el día y es el proveedor. Ya no puede intimar con ella porque es su mamá. De esta manera, solo existe el amor filial y se pierde el amor eros, que tiene que ver con nuestra parte masculina y femenina.

Reducir una relación de pareja a ser únicamente mamá y papá no solo hace que se pierda el erotismo, sino además que se pueda abrir una ventana hacia otra persona. Por eso, cuando se pierde el primer amor, necesitamos reencontrarnos fuera del rol de padres, lo cual no implica dejar de ser mamá y papá, sino acercarnos desde otra perspectiva. Solo entonces podremos comenzar a vernos en un rol diferente, con otra mirada, del rol maternal y paternal. Por eso, muchas parejas actúan de tal manera que, sin llegar a la infidelidad, avivan la pasión entre ellos donde se había perdido el erotismo y, con el tiempo y la monotonía, se había instalado el amor tranquilo pero aburrido.

Si solo tenemos amor erótico, no podremos formar una familia y, en algún momento, nos va a resultar asfixiante porque es una eterna conquista. Y si solo tenemos el rol de mamá y papá, tarde o temprano entraremos en crisis. Cuando uno ve una pareja que se pelea con todo el mundo, por lo general es porque tiene problemas. Muchas parejas pierden uno de estos dos amores y no se sientan a resolverlo, sino que empiezan a mirar a las parejas de fuera, o a otras personas, y a criticar a otros. Uno se pregunta: «¿Qué le pasa a esta persona que está tan irritable?» Sucede que tiene problemas puertas adentro y no puede resolverlos; como resultado recurre a un mecanismo al que todos recurrimos: echarle la culpa al otro.

Huyamos del amor que lastima y somete; practiquemos un amor inteligente, sano, satisfactorio, que incluya ambas facetas y nos permita alcanzar nuestro máximo potencial como seres humanos. Nuestra fuerza interior nos dará la capacidad y nos permitirá amar inteligentemente.

Fortaleza 5

El reflexivo gana fuerza interior y el impulsivo pierde siempre

1. Nuestros rasgos ocultos

Todos alguna vez nos hemos sentido incómodos. Pero la mayoría ignoramos que, gracias a la incomodidad, podemos cambiar, crecer e ir por más. Lo cierto es que a casi todos nos cuesta cambiar. Os invito a analizar por qué nos cuesta tanto llevar a cabo los cambios que necesitamos.

El egoísmo, sumado al orgullo, es la plataforma de todos los errores que cometemos y de nuestra imposibilidad de cambiar. Se expresa diciendo: «Yo hago lo que quiero»; «Yo soy como soy»; «A mí nadie me dice lo que tengo que hacer». La psicología lo denomina narcisismo. En términos coloquiales significa «creérselo». Uno de los peores rasgos que podemos tener es el orgullo.

Algunas personas son buenas mientras están mal, porque en ese tiempo tienen en segundo plano ciertos rasgos enfermizos, como el narcisismo y la psicopatía. Cuando es-

> Aquel que es demasiado pequeño tiene un orgullo grande.
>
> **Voltaire**

tán atravesando una situación negativa, todo eso no aflora; pero cuando están mejor empiezan a mostrar un lado que desconocíamos. Por ejemplo, pensemos en un muchacho que no tiene trabajo, que está muy angustiado y alguien le ofrece: «Ven a mi comercio, yo te voy a ayudar, te enseñaré todo sobre el negocio.» Todo funciona bien por un tiempo. Llega el momento en que el muchacho se estabiliza, gana algo de dinero y se siente más seguro.

Es entonces cuando empieza a mostrar narcisismo, soberbia, rasgos que solo estaban en segundo plano. Entonces un día piensa: «Yo me esfuerzo mucho trabajando, nadie me hizo ningún favor. ¿Para qué necesito un jefe, si puedo vender por mi cuenta?» Debajo de ese rasgo de orgullo, aparece el rasgo de psicopatía, por lo cual se dedica a tejer su propia red, a juntar a su gente y planificar la traición para clavarle un puñal a aquel que lo llevó a su trabajo. Esa es una característica muy común del psicópata.

> Ruin arquitecto es la soberbia: los cimientos pone en lo alto y las tejas en los cimientos.
>
> **Francisco de Quevedo**

Cuando una persona pelea, grita, se queja y maltrata a los demás, está mostrando características de psicópata. Mientras estamos mal, todos funcionamos bien; pero cuando nos recomponemos un poco, algunos inmediatamente clavan un puñal. Supe del caso de una estilista que dio trabajo a varias personas y un buen día algunas de ellas le quitaron sus clientes y ¡abrieron su propio local a un par de calles! Cuando ayudamos a alguien, estemos atentos con aquel que es narcisista y puede terminar traicionándonos.

¿Por qué no vemos la traición? ¿Por qué el dueño del local no la vio? Porque también puso en juego su narcisismo. Cuando ayudamos demasiado a la misma persona, no es porque realmente deseemos ayudarla, sino porque también aparece nuestro orgullo, tal vez no conscientemente. «Miren cómo lo estoy ayudando», «Él depende de mí», «Yo le enseño todo y tiene que estar cerca de mí», «Todo me lo debe a mí». El egoísmo propio no nos deja ver el egoísmo del otro.

Nunca deberíamos ayudar demasiadas veces a la misma persona porque llegará un momento en el que ya no la estaremos ayudando, sino haciendo uso de nuestro egoísmo. Cuando ayudes a alguien, fija una fecha de prescripción de esa buena acción.

2. EL CAMBIO EMPIEZA POR CASA

Si hay tormentas en nuestra vida y nos gustaría que se calmasen, la clave es que cambiemos nosotros primero. Si queremos que nuestros hijos cambien, cambiemos nosotros primero. Si queremos que nuestra pareja cambie, cambiemos nosotros primero. Mientras uno no cambia, nada cambia. «Yo estoy muy mal con mi marido», dirá alguien. Cambia tú. «Yo me llevo muy mal con mis hijos», dirá otro. Cambia tú.

El que tiene que cambiar siempre es uno mismo, no las circunstancias, no los demás, en especial cuando hay una crisis. Algunos intentan cambiar a todo el mundo, excepto a ellos mismos. ¿La razón? Tienen *visión*, pero no *valor*. Hay gente que tiene la capacidad para hacer pero carece de valor. Y hay gente que tiene valor pero carece de visión. Para cambiar, necesitamos contar con ambos elementos: visión y valor. Lo que más nos empuja a producir un cambio es la incomodidad. Porque cuando estamos cómodos, dejamos de aprender, crecer y avanzar. En cambio, cuando de pronto surge un problema que nos incomoda, que nos molesta, allí comenzamos a considerar la idea de modificar algunas cosas.

> El hombre descontento no encuentra silla cómoda.
>
> Benjamin Franklin

Aprendí que todos los grandes hombres y mujeres de la historia avanzaron gracias a un problema; y también vi a muchos valientes caer porque no tenían grandes incomodidades. Si hay una incomodidad grande en nuestra vida, estaremos más cerca de realizar el cambio que nos urge hacer.

3. La lucha por la jerarquía

Todas nuestras luchas interiores que nos impiden cambiar se deben a que los seres humanos llevamos en nuestro ADN el deseo de estar arriba en la jerarquía social. En la antigüedad, en las primeras etapas de la evolución del ser humano, este sobrevivía porque era el más fuerte. Darwin se refirió a la supervivencia del más apto, que algunos llaman «la ley del más fuerte». Era el principio oculto detrás de las guerras, donde el más fuerte, el que triunfaba, ascendía en la escala social y era el que tenía la comida, las hembras, la cueva. Es decir, la guerra era una cuestión de supervivencia. El más débil, el que contaba menos en el grupo, en la jerarquía social, comía de las sobras y moría. Dicha idea está impresa en nuestro ADN, grabada a fuego en nuestro cerebro.

Esa es la razón por la que, cuando alguien nos trata mal, reaccionemos negativamente. Nuestro cuerpo lee el siguiente mensaje: «Alguien te está rebajando en la escala social.» Esa es también la razón por la que anhelamos tener una casa, un coche y dinero. Tal información está en nuestro cuerpo, que cuando obtenemos algún logro hace esta lectura: «Estoy creciendo, voy a sobrevivir.»

¿Por qué muchas veces se elogia a los muertos? Porque, por más que los elogiemos, ya no pueden crecer en la escala social, pues ya no están entre nosotros. Parecería que hay que morirse para que hablen bien de uno. Si yo digo: «Esta banda musical es maravillosa. Qué bien tocó su instrumento Juan», los demás integrantes se sentirán mal. ¿Por qué? Porque recibirán este mensaje: «Nos está rebajando», y el cuerpo les dice que se van a morir. Si Juan se cree el elogio, pensará: «Me está felicitando, estoy subiendo, me va a ir mejor.»

Todos estamos inmersos en este juego de arriba y abajo. Pero cuando somos conscientes de ello, cuando reflexionamos y sabemos quiénes somos realmente, logramos salir de él y entramos en el juego de procurar alcanzar la mejor versión de nosotros mismos, sin competir con nadie ni maltratar a otros.

Entonces somos libres, y si tenemos algo, no nos sentimos más que los demás; y si no tenemos nada, no nos sentimos menos que los demás. Porque ya no estamos en el juego de ganarle al otro, aunque el cuerpo nos hable.

Mucha gente vive pendiente de la jerarquía social, lucha y busca estar arriba, lo cual no es malo. Pero si escalamos posiciones no debería ser para aplastar a otros y proclamarnos mejores, sino para, desde ese lugar, ser una influencia positiva para muchos, sea cual sea el ámbito en que nos movamos.

4. CAMBIAR LA METÁFORA

Nuestra vida funciona con metáforas. ¿Qué es una metáfora? Una manera de expresar algo mencionando otra cosa. Veamos algunos ejemplos de las metáforas más comunes que utilizamos:

De boxeo: «pago otra ronda»; «no tires la toalla», etc.
De cocina: «estoy frito»; «ese negocio hay que cocinarlo»; «el jefe está que hierve».
De pesca: «hay muchos peces en el mar».
De temperatura: «está hirviendo»; «una discusión acalorada»; «qué fría que eres».
De olores: «hueles a infidelidad»; «esto huele que apesta»; «esta situación me huele mal».
De cultivo: «estas ideas van a dar buenos frutos»; «soy una persona fértil».

A todo podemos ponerle una imagen si pensamos de manera metafórica.

Si yo os dijera que pensarais en un área que no está funcionando del todo bien en vuestra vida —pareja, finanzas, salud, etc.—, ¿con qué la compararíais? Lo primero que os vendría a la mente es la metáfora que tenemos incorporada. Por ejemplo, si digo: «Soy una flor», voy a funcionar como una flor; si digo: «La vida es un carnaval», voy a ir por la vida bailando; si digo: «La vida es una lucha, no sé dónde iremos a parar», voy a funcionar como un soldado que pelea.

Muchos viven en una metáfora que los hace funcionar de determinada manera. O sea, les permite lograr cosas pero a la vez los limita porque las metáforas tienen significados positivos y también negativos. Si digo que soy una vasija, entonces sé que puedo recibir y que también puedo dar, pero la vasija no se mueve, no produce. La misma metáfora que me permite tener un logro, a la vez, no me permite tener otros logros. Si alguien dice: «Soy una flor en esta maceta llamada Buenos Aires», esa imagen habla de delicadeza, entre otras cosas; pero si alguien pisa la flor, la quiebra. Es decir, que la metáfora sirve para determinada cosa pero no para otra.

Cuando estamos atacados en cierta área, se debe a que la metáfora ya no nos sirve y necesitamos cambiar la imagen. ¿Por qué? Porque si no lo hacemos, no podremos funcionar bien. Por ejemplo, una pareja cuando discute puede utilizar una metáfora bélica: «Dame tu argumento, di lo que piensas y defiéndete, pero no me ataques.» Mucha gente tiene una metáfora de guerra y por eso discutir casi siempre termina mal, porque en una guerra alguien gana y alguien pierde. Pero si se cambia la metáfora imaginando la discusión como una danza en que los dos participantes tienen que aprender pasos nuevos para que a ambos les vaya bien, es posible salir de la metáfora de ganar-perder y buscar una solución buena para todos. En todo baile llamado «pareja» siempre hay dos participantes.

Usemos las mejores imágenes en nuestra vida y, cuando sea necesario, cambiemos la metáfora que ya no nos resulta útil. Tal actitud puede llevarnos a un nuevo nivel. Alejandro Magno conquistó todo. A los treinta y dos años ya no tenía nada por conquistar. Llegó al Himalaya, donde se terminaba el mapa, y sus tropas tuvieron miedo de cruzar porque creían que más allá caerían a un abismo. Pero Alejandro se atrevió a cruzar con todo su ejército, aunque le dijeran que estaba loco.

> Todos piensan en cambiar el mundo, pero nadie piensa en cambiarse a sí mismo.
>
> Alekséi Tolstói

Vayamos más allá de nuestro mapa, más allá de lo que pensamos y creemos. Tengamos la humildad de reconocer que necesitamos cambiar y la valentía de introducir los cambios necesarios, tengan la forma que tengan.

Quien hace del cambio positivo un estilo de vida no solo disfruta de sus beneficios, sino que además se convierte en una persona con creciente fortaleza interna a través de los años. ¡Vale la pena cambiar! Ser reflexivo y dejar el impulso atrás nos ofrece la posibilidad de cambio.

FORTALEZA 6

Formar el cerebro de pareja nos da fuerza interior para tener un «nosotros»

1. «ME AMA... NO ME AMA»

Hoy en día somos testigos de una infinidad de parejas que se forman y pronto, en algunos casos muy pronto, se separan. Los problemas de pareja son moneda corriente y lo cierto es que no hay nada más triste que estar inmerso en una relación enferma, pues las consecuencias también las sufren las personas allegadas.

Existen tres maneras de relacionarnos de manera enferma:

a. Relación basada en el sometimiento

Si yo os insultara, podríais reaccionar negativamente porque no hay una relación establecida entre nosotros. Pero cuando existe una relación, y el otro nos insulta, grita o agrede, podríamos no darnos cuenta. Esa es la razón por la que algunas mujeres que tienen un buen pasar económico, y además son inteligentes y atractivas, permanecen al lado de un hombre que las maltrata y humilla sistemáticamente. ¡Y no lo pueden dejar! Uno se pregunta cómo es posible que eso suceda, si parecen ser mujeres exitosas. La razón es que entre ellos se ha forjado una relación de sometimiento.

¿Cómo es una relación de sometimiento?

Lo primero que hace un individuo con intención de someter al otro, hombre o mujer, es menospreciarlo. Cuando alguien nos descalifica o se burla de nosotros de manera repetida, es necesario que abramos los ojos porque allí se está estableciendo una relación de sometimiento. El menosprecio comienza con frases como: «No lo hiciste bien»; «No sabes cómo hacerlo»; «No puedes». Quien somete menosprecia las capacidades del sometido.

> ¡Qué mala es siempre por naturaleza la esclavitud, y cómo soporta lo que no debe, sometida por la fuerza!
>
> Eurípides

Ese menosprecio va descalificando poco a poco y marca emocionalmente a la persona, que puede pensar y expresar: «Yo puedo independizarme y lograrlo solo», pero emocionalmente no se siente capaz de hacerlo. ¿Por qué? Porque la descalificación se graba a nivel emocional. Muchas de las cosas que decimos que no podemos lograr se deben a que alguien, alguna vez, nos dijo que no podemos; y eso quedó grabado emocionalmente en nosotros. «No puedo estudiar»; «No puedo bajar de peso»; «No puedo ser feliz»; «No puedo avanzar en la vida», dicen algunos, a pesar de que aparentan tener capacidad de hacerlo. En el fondo, ellos sienten que no pueden, y esa idea tuvo su origen en alguien que les dijo que no podían.

Cuando se instala el «no puedo» en alguien maltratado, el maltratador exclama: «Pero yo sí puedo», y allí surge el sometimiento. Este consiste en: «Tú no puedes, pero yo sí»; «A ti te sale mal, pero a mí me sale bien». La meta del maltratador es lograr que el otro piense que no puede y lo necesita a él para que le vaya bien en la vida. Cuando alguien instala en nosotros la idea de que no podemos pero él sí puede, nos está sometiendo.

En una relación sana y equilibrada sus integrantes dicen: «Tú puedes y yo también puedo.» En el sometimiento y la sumisión existe la creencia de que «yo no tengo capacidad, pero el otro sí tiene». Entonces, se genera codependencia, una actitud altamente destructiva. La verdad es que yo puedo, tú puedes, el otro puede y todos podemos, porque somos seres humanos con un potencial ilimitado. Huyamos del sometimiento.

b. *Relación basada en la culpa*

Se trata de una relación algo distinta de la del sometimiento. La culpa se inicia también con menosprecio. «Tú no puedes», «Tú no sabes», «Tú lo haces mal», «Eso que dijiste está mal», asegura el maltratador. En la relación de culpa, que también es tóxica, uno de sus integrantes

> **Los sentimientos de culpa son muy repetitivos, se repiten tanto en la mente humana que llega un punto en que te aburres de ellos.**
>
> **Arthur Miller**

dice: «Estoy haciendo esto por ti»; «Dejé de ver fútbol por ti»; «Dejé de salir con mis amigas por ti». Cuando alguien le deja claro al otro que hace o no hace alguna actividad por él o por ella, en realidad está intentando transmitirle culpa. «Me mato trabajando por ti», «Sufro mucho por ti», «No como por ti». Ante esas declaraciones, la persona tal vez reaccione con asombro y satisfacción, pero tarde o temprano el que lo dice demandará una recompensa.

Y, por mucho que haga para pagar la deuda, esta no se saldará nunca, es eterna. Es una deuda de carácter emocional. El maltratador primero descalifica y después pasa factura por todos los sacrificios que realiza. Por ese motivo, el otro queda atrapado en la culpa. Cuando alguien nos «pase la factura» por algo que hizo, podemos decirle: «Mira, todo lo que hagas, hazlo por ti; yo no me hago cargo de los sacrificios de nadie. Seamos libres de toda relación culpabilizadora.»

c. Relación basada en la victimización

Asumir el papel de víctima siempre trae beneficios secundarios. Algunos hombres conocen a una dama y le confiesan: «A mí, ninguna mujer me ha sabido entender.» Y algunas mujeres responden: «Yo te entenderé», que en realidad significa: «Mamá te va a entender, elige estar conmigo.» ¿Por qué reaccionan así? Porque se despierta el instinto maternal omnipotente, que piensa: «¡Yo lograré cambiarlo!» Nadie puede cambiar a nadie. Cuando alguien se coloque en la posición de víctima, prestemos atención. El lema de la víctima es: «Yo no fui, fue mi pasado.» De esa manera se excusa, desplaza la responsabilidad que le corresponde. Cuando alguien nos cuente: «A mí me lastimaron»; «A mí me hicieron sufrir»; «A mí no me entendieron», no respondamos: «¡Pobre!» Sintámonos libres de todos esos traumas.

Cuando alguien se queja: «A mí no me valoran», deberíamos leer: «Yo no me valoro.» Cuando uno se valora, no necesita que lo valoren los demás. Quien busca que lo valoren tiene un problema: que él o ella no se valora. Necesitamos aprender a valorarnos. ¿Qué significa valorarse? Saber que todos los seres humanos valemos lo mismo, aunque tengamos roles distintos. Si tenemos un jefe, su rol es distinto del nuestro, pero el valor humano es el mismo. No nos coloquemos debajo ni encima de nadie. Cuando nos valoramos, somos conscientes de que valemos y el otro también vale.

Valorarse en la justa medida hace que uno considere la opinión del otro como una opinión y la ubique en el contexto adecuado. Por ejemplo, si viene un médico y me comenta: «Stamateas, qué fea es su camisa», esa opinión no la voy a valorar; pero si tengo que operarme y me sugiere: «Te conviene esta clínica para la operación», la voy a escuchar porque en el contexto su opinión vale. Ubicar las opiniones ajenas en el contexto adecuado nos permite no derrumbarnos por cualquier comentario negativo. Si ese médico me dice que me conviene operarme en tal lugar, yo voy a pensar si eso es lo mejor para mí o no. Y lo que decida (y esta es la clave) es mi elección, no lo hago porque me lo han dicho. El inseguro decide porque se lo dijeron, por obediencia; pero el que se valora, escucha la opinión, la medita, ve si le sirve y lo hace porque decide que es útil. Valorémonos.

2. ¿Y POR DENTRO CÓMO ANDAMOS?

Para cualquier ser humano no hay experiencia más devastadora que el rechazo. Sobre todo, el que se experimenta en los primeros años de vida. El hecho de no ser querido, validado y respetado lastima muy profundamente.

¿Por qué nos duele tanto el rechazo?

Porque el mensaje que nos da es: «Hay algo malo en ti, por eso no te amo.» Cuando alguien critica a una persona, si esta carga con el rechazo de papá o mamá, le va a doler cien veces más; pero no es la crítica en sí misma, sino el hecho de que esa actitud está sacando a luz una herida no sanada.

En cambio, si una persona está sana y alguien la critica, le va a molestar un rato, pero pronto estará feliz y ya no recordará lo ocurrido. Por eso, cuando no nos saluden, nos ignoren o traten mal, prestemos atención a la duración del dolor emocional que sintamos. Si dura mucho, no es por lo que sucedió, sino porque hay algo que todavía tiene que ser sanado en nuestro interior. Para ser capaces de embarcarnos en una relación de pareja sana, que perdure en el tiempo a pesar de las tormentas de la vida, es fundamental estar sano interiormente.

¿Qué significa estar sano por dentro? Mencionaremos dos características necesarias:

En primer lugar, estar sano por dentro significa *ser como un niño*. Los pequeños siempre tienen el deseo de descubrir el mundo a su alrededor, de aprender cosas nuevas. Una persona me contó que hace unos años trabajaba en una empresa automotriz. Un día hicieron una búsqueda de personal porque necesitaban operarios. Reunieron la totalidad de los currículums recibidos. El director pidió que separaran aquellos que incluían experiencia en el ramo automotriz de aquellos que venían de otro ramo. Los primeros fueron desechados y se contrató a gente sin experiencia. ¿Por qué? Porque estos últimos carecían de «mañas» y podían ser mejor enseñados.

En segundo lugar, estar sano por dentro significa *ir a la fuente*. Cuando uno tiene una dificultad con alguien, no debería contárselo a todo el mundo porque, de esa manera, colabora a que se convierta en un problema. Todos atravesamos dificultades en algún momento, pero los problemas los promovemos nosotros mismos por manejar mal las dificultades. ¿Qué es un problema? Una dificultad mal manejada. En cambio, si uno habla de la situación con la persona involucrada, tiene la posibilidad de resolverlo y allí se termina la cuestión.

Todos nos relacionamos a diario con personas que nos estiman, pero que pueden lastimarnos (con o sin intención), y también con personas que no nos aprecian y solo desean causarnos daño. Con las primeras es con quienes vale la pena resolver un conflicto, pero para ello es necesario mantenerse frío. Si no hay un contexto frío, es mejor no intentar resolver nada porque, si uno de los dos está muy molesto, solo será una catarsis que puede desembocar en un enfrentamiento.

A veces, conviene esperar un tiempo para lograr estar fríos. Pero nunca se trata de una cuestión de ganar-perder, sino de ganar-ganar. Sobre todo con un ser querido. Nadie tiene que ganar al ciento por ciento. Porque, si uno gana y el otro pierde, en realidad los dos pierden. Busquemos siempre ganar-ganar y aprendamos a resolver los conflictos personales con rapidez.

Estar sanos interiormente nos brinda la posibilidad de disfrutar de una mejor calidad de vida; también nos permite atraer a un/a compañero/a en una condición similar (lo semejante atrae lo semejante) y consolidar un proyecto en común libre de toxicidad. Por este motivo, cuidar nuestra salud emocional, psicológica y espiritual debería ser una prioridad en nuestra vida.

3. PAREJAS SÓLIDAS COMO LA ROCA

Las cuestiones prácticas que comparto a continuación pueden resultaros útiles a la hora de formar una pareja, ya sea que en este momento os encontréis solteros, sin pareja, separados o viudos:

- *En lo posible, dejar que pase por lo menos un año antes de comprometerse a largo plazo*

Algunas personas conocen a alguien y, al poco tiempo, deciden convivir. Esto puede ser contraproducente. La razón es que, cuando uno está enamorado, no puede ver con claridad y «le cuelga medallas» al otro con características que en realidad no tiene. El enamoramiento va disminuyendo con el paso del tiempo y uno empieza a ver la realidad. Por eso, no deberíamos apresurarnos. Y mucho menos si conocemos a alguien a través de las redes sociales. Decir demasiado pronto «Es el amor de mi vida» puede traer una gran desilusión.

- *Considerar la velocidad de cada uno*

La mujer recibe más presión que el hombre para formar pareja, debido a la edad biológica para convertirse en madre. Por eso, en general, ella anda en moto y él, en bicicleta. La presión cultural es muy fuerte porque nos han enseñado que si una mujer no experimenta la maternidad, no es plena. Eso puede llevarla a querer avanzar a pasos agigantados al iniciar una relación. Mientras el hombre va depositando de euro a euro en el banco, la mujer es capaz de hipotecarlo todo por una relación. Cuando no existe la misma velocidad para avanzar, la relación funcionará mal.

- *Ser consciente del estilo de vida de cada uno*

Cuanto más joven es una persona, más sencillo le resulta afianzar una pareja. ¿Por qué? Porque tiene menos hábitos negativos, y los que tiene son los que le inculcaron en casa. Entonces, puede deshacerse de ellos rápidamente. Pero el mayor de cuarenta años posee hábitos propios muy arraigados y le cuesta abandonarlos. Una pareja nueva necesita crear su propia cultura, la cual incluye los hábitos en co-

mún. Cuanta más historia personal hay, más difícil es nego-
ciar, y allí puede surgir el conflicto.

• *Hablar claramente sobre las expectativas de futuro de
cada uno*
Si las expectativas sobre el futuro no son las mismas, la
pareja no funcionará bien. Si él está separado y tiene hijos
pero ella es soltera sin hijos, es importante que se sienten a
hablar sobre eso en algún momento. Podría ocurrir que
formen pareja y ella desee ser madre pero él no quiera volver a ser padre. Todo lo que no se explicita puede dar lugar
a conflictos con el tiempo. Lo ideal, antes de asumir un
compromiso, es levantar un puente afectivo que una las expectativas de cada uno respecto al futuro.

• *Sanar las historias personales no resueltas*
Es fundamental sanar las heridas emocionales de relaciones pasadas. «Me siento solo/a, quiero una pareja», dicen algunos/as. Quien sufre la soledad, lo mejor que puede
hacer es salir con amigos, pero no formar pareja, porque
esta tiene por meta construir un proyecto de vida en común. Necesitamos ser felices sin compañía antes de poder
ser felices al lado de alguien. Cultivar la amistad es una buena forma de aprender a tener una relación afectiva con los
demás, para luego trasladarla a la pareja.

En toda relación de dos existe lo que se llama un «cerebro de pareja». Pero primero hay que establecer un vínculo
de intimidad: un espacio donde podamos abrirnos, mostrarnos tal cual somos y hablar con total sinceridad. Ese es
el tipo de construcción que puede durar para toda la vida.

Fortaleza 7

Identificar y atesorar las actitudes buenas de los demás nos da fuerza interior para completar nuestra madurez

1. Mamá y papá; su función

Sabemos que en los primeros días de vida el bebé llora para que alguien se acerque a calmarlo, acariciarlo, cuidarlo. En esta etapa no hablamos de disciplina ni de manipulación, cada vez que esa necesidad es suplida deja una huella en el interior de ese incipiente ser humano. Cuando los padres están presentes, el bebé lo traduce así: «Como tengo a mis padres dentro puedo confiar en el mundo como un lugar seguro.»

La función de la madre en la vida de su hijo es la de brindarle vida a través de la leche. Ella disfruta de darle el pecho, de acunarlo, de estar junto a su bebé, y eso mismo le sucede al pequeño. Estar juntos, escuchar la voz de la mamá es un momento de total disfrute para ese bebé que está comenzando a relacionarse con los otros. Esa díada se transforma en una imagen amorosa, que transmite: «Te amo, eres precioso, valioso y digno», «Eres deseado y bienvenido a esta familia, te queremos y esperamos tu nacimiento con gran gozo, eres una gran bendición para nosotros», «Vales y tendrás un gran destino». Todas estas imágenes le aportan valor y destino a esa vida que está comenzando. Una imagen negativa ocasiona todo lo contrario, envía a ese niño un mensaje doloroso: «No vales, no tienes destino», «No eres valioso, no te amo y no eres digno de mi tiempo y mi energía».

Si hoy estamos vivos es porque tuvimos una madre, aunque la relación con ella no haya sido o no sea la mejor. La función de la madre es dar algo concreto: alimento, que el bebé recibe como afecto. El alimento simboliza el afecto. Cuando el bebé mira a su mamá, ve en sus ojos un «espejo». La mamá le transmite todo lo que siente por ese hijo, y esa captación «entra» en él. Cuando la imagen de esa mamá «amorosa» se mete en el bebé, este crecerá con confianza interior para enfrentar el mundo. El mensaje que esta mamá transmite no depende de la cantidad de comida que el bebé recibe. Con su actitud, lo que le dice es: «Puedo cuidarte y satisfacer tus necesidades físicas y emocionales.» Al brindar el cuidado y todas las necesidades básicas y emocionales que cada hijo necesita, ya sean físicas o afectivas, a medida que todas son satisfechas, el bebé verá a esa mamá como una prolongación suya y comenzará a reconocerla. Nacerá una sintonía afectiva. Y esa relación de calidad al principio de la vida nos habilita a tener toda la vida una relación de confianza.

Sin embargo, en el medio de esa díada bebé-mamá hay un momento en el que aparece el papá, cuyo rol es instaurar la autoridad, el liderazgo. La mamá también lo hace, pero como metáfora, porque su función es dar vida a través del afecto.

La función del padre es brindar seguridad y fuerza. Por eso, la mujer abraza al niño hacia dentro y el varón lo sostiene mirando hacia fuera. Ella le enseña el poder del amor y él, el de la conquista. El papá aparece como el proveedor de la mamá y el bebé. Él transmite la fuerza para moverse, construir, hacer. Al proveer el alimento y la seguridad le está dando a ese niño un sentido de pertenencia. Esto no significa que la mamá no lo transmita, ambos lo hacen, pero en la infancia, en el simbolismo infantil, esta función está asociada esencialmente al papá. Actualmente vivimos en una época «sin papá», con carencia de la figura paterna. Muchas veces la ausencia, la carencia de un papá ausente física o afectivamente, es un factor determinante para que muchos adolescentes crezcan no habiendo construido una imagen masculina sólida, de ahí que tantos jóvenes se conviertan en padres sin poder asumir ese rol y esa responsabilidad. Muy probablemente porque ellos tampoco tuvieron un padre o una madre que los validara. A veces, la carencia de imagen masculina lleva a un adolescente a crecer sin un ejemplo incorporado. Mamá y papá son el modelo, nuestra base de lo que será la imagen masculina y femenina. Por eso, si la figura paterna no está presente, el hijo no tendrá recursos ni un espejo donde mirarse. Luego vamos completando la construcción con maestros, amigos, mentores, abuelos, modelos de identificación de los que vamos tomando elementos que nos ayudan a constituir y conformar nuestro carácter.

> **Ser madre es una actitud, no una relación biológica.**
>
> Robert Heinlein

> **No puedo pensar en ninguna necesidad en la infancia tan fuerte como la protección de un padre.**
>
> Sigmund Freud

Cuando una persona no recibe esa bendición paternal
la irá buscando a lo largo de la vida y no será capaz
de transmitirla a la próxima generación.

¿Por qué hay tantos varones golpeadores, tanto maltrato físico y verbal?, nos preguntamos. Porque no tuvieron una imagen de autoridad sana, un padre que les enseñara la fuerza amorosa. Aquí es necesario aclarar que autoridad no es sinónimo de sometimiento, ni de decir: «Aquí se hace lo que yo digo y punto», o «Ya verás lo que te espera cuando vuelvas a casa». Eso es abuso de autoridad.

Ser padre y tener autoridad
es construir un futuro valioso para los hijos.

2. PERMISOS FUNDAMENTALES

¿Cuál es el rol del padre en la vida de sus hijos? Básicamente dos cosas:

a. *El padre da permiso a los hijos para irse y para volver*
Todo hijo necesita el permiso del padre para irse, ya que tiene que aprender a crecer, a independizarse, a valerse por sí mismo, a construir hacia delante. La autoridad del padre le da la posibilidad de volar y lo motiva a avanzar, lo cual significa que le transmite un futuro positivo. Esa es la tarea maravillosa que tenemos los padres con nuestros hijos: habilitarlos para que su mañana sea éxitoso. Jamás deberíamos retenerlos ni sobreprotegerlos, mucho menos maltratarlos. Los hijos necesitan que confiemos en ellos, que les digamos: «Yo sembré algo en ti y confío en que te va a ir

bien.» De esa manera, reciben confianza para forjarse su futuro y no tienen miedo de crecer y triunfar en la vida.

En algunos casos observamos a personas con miedo de crecer. Cuando una persona se queda cuidando a la madre o al padre y no forma su propia familia, por lo general, tiene miedo de crecer. Uno puede formar su familia y a la vez cuidar a los padres, una cosa no quita la otra. La raíz de dicho temor es la falta de un padre que valide y le diga: «Hijo/a, puedes volar y lograr un futuro extraordinario. Las puertas siempre estarán abiertas para ti, pase lo que pase. Siempre te vamos a amar.»

Estos dos permisos que concede el padre son fundamentales, pues crean hijos que tienen su identidad construida, lo cual es sinónimo de seguridad interna.

b. El padre permite que los hijos aprendan de la experiencia

La experiencia es el mejor maestro de la vida. Algunas personas prestan dinero y no se lo devuelven; así aprenden a no prestar dinero nunca más. La experiencia nos hace pianistas. Muchos hijos viven reclamando a los padres: «Dame, dame, dame.» Es una actitud inmadura propia de alguien a quien le falta experiencia. Solo cuando se van de casa y viven solos o forman su propia familia, los hijos aprenden a través de la experiencia. Entonces, ya no demandan, pues dejan de poner el foco en el *tener* para empezar a *ser*. Aprender de la experiencia puede resultar doloroso a veces, pero nos ayuda a lograr madurez de carácter y fuerza interior.

> Tener hijos no nos convierte en padres, del mismo modo que tener un piano no nos hace aprender.
>
> Michael Levine

Ser un buen padre consiste en transmitir un buen futuro

a los hijos; en enseñarles y dejar que, además, aprendan por la experiencia. Pero, sobre todo, en sembrar buenos recuerdos en ellos. ¿Por qué? Porque un buen recuerdo nos puede levantar en los tiempos difíciles y sacarnos del estancamiento, del dolor, del desánimo, de cualquier tipo de adicción.

Nuestros hijos se olvidarán de todo lo que les digamos, pero nunca de los momentos hermosos que les hicimos vivir.

Seamos sembradores de buenos recuerdos y dejémosles la mejor herencia, que no es material: amor incondicional. Ellos nos lo agradecerán.

3. Mi identidad original

Tal vez no tuviste el padre (o los padres) que te habría gustado y hoy tienes tus propios hijos. Has de saber que nuestros padres no son los modelos de nuestra maternidad o paternidad. Cada uno puede construir su propio modelo sin fotocopiar a sus padres, hayan sido como hayan sido. Nunca hay que «divinizarlos» ni «satanizarlos», porque todos nos equivocamos. Todos los seres humanos somos la suma de lo que heredamos de nuestra familia, lo que hicimos en el pasado y lo que hacemos y construimos en el presente. Lo explico mejor con el siguiente ejemplo:

Yo soy Bernardo Stamateas. Bernardo es lo que yo construyo, lo que yo hago. Stamateas es lo que heredé de mis padres. Hay tres posibles posiciones:

Primera posición: Bernardo. Es el adolescente que dice: «No quiero saber nada con mis padres; no acepto nada de lo que me enseñaron. Yo soy Bernardo solito.» «Te voy a ayudar», ofrece el padre. «¡No quiero tu ayuda, no quiero! Voy a hacer mi vida», responde. Ese adolescente quiere ser Bernardo y nada más; reniega de su origen. Hay quienes no desean tener contacto con sus padres y pasan años sin hablarse con la familia. ¿Por qué? Porque no los quisieron, no los trataron bien; entonces solo existe en su vida lo que ellos construyen y rechazan lo heredado.

Segunda posición: No soy Bernardo, soy Stamateas. Aquí no me animo a construir lo mío y me quedo atascado con mis padres. Soy como ellos, hablo como mi padre, cocino como mi madre y me quedo atado a ellos. No quiero construir a Bernardo, es decir «lo mío». Por eso, hay gente que repite las conductas de los padres y se excusan: «Yo soy violento porque mi padre era violento.» Eso es lo heredado, pero ellos tienen la posibilidad de construir una conducta nueva y no la aprovechan.

Tercera posición: Soy Bernardo Stamateas, o sea, que acepto lo que heredé (lo bueno y lo malo) y le sumo lo que yo construyo. Esta actitud nos brinda nuestra única identidad original. Yo no soy ni yo solo ni mis padres. Yo soy Bernardo Stamateas. Cuando estamos emocional y psicológicamente sanos, somos libres del miedo a crecer y somos capaces de construir. Yo tengo algo que heredé de mi hogar (y lo valoro), pero ahora tengo la libertad de construir algo nuevo.

Esta tercera opción permite, si no tuvimos un padre que nos validara y proporcionara afecto, construir un padre cariñoso y amoroso para nuestros hijos. Nadie es todo lo heredado, ni tampoco todo lo que ha construido solo. Podemos unir ambas cosas y construir una nueva identidad propia que estará llena de rasgos positivos.

*Tengamos en cuenta que no somos responsables
de lo que «nos metieron» en la cabeza de niños, pero sí de lo
que hacemos ahora con ello.*

En la infancia mis padres son responsables, en la adolescencia somos corresponsables, y en la adultez la responsabilidad de mi conducta es mía. *Ahora yo soy así, yo me pienso así.* Culpar de mis conductas, de mis actos, al pasado es una excusa para no avanzar. Nada de mi conducta de adulto es responsabilidad de los padres. Mi condición de adulto depende de mí como tal. «¿Qué voy a hacer con esto?», debo preguntarme. Y decidir qué haré con esa experiencia: sanar ese momento de dolor y convertirlo en un puente de crecimiento. De eso se trata la resiliencia.

El que necesita reconstruirse es uno, no el otro. Como adultos, podemos decidir pararnos en nuestro hoy para sanar nuestro presente. Cada vez que quedo anclado en el pasado no me doy nuevas posibilidades. La rabia que sentimos no es por el ayer, sino por la relación presente que nos hace mal, y por eso no podemos permanecer varados en esa etapa.

Hablar sana nuestra infancia.

Animémonos a hablar. Hablar sana la infancia. Necesitamos saldar los conflictos con nuestra familia. Sentémonos a conversar, a tener charlas en nuestro hoy. Estamos a tiempo, aún tenemos la posibilidad de reconstruir el vínculo. Hablemos, y en paz digamos lo que necesitamos o estamos esperando. Por ejemplo, si digo: «Me hubiera gustado mucho que fueras a buscarme al colegio, ¿por qué no ibas?», estaré frente a distintas opciones de respuestas:

a. Si la otra parte lo reconoce, estoy en condición de reconstruir la relación. Si nos piden disculpas, hay posibilidad. Hoy podremos construir una nueva relación. De esta manera no estoy haciendo un reclamo acusatorio, sino exploratorio. Además, puedo preguntar: «¿Hoy harías lo mismo?» Esta es la manera de saldar nuestra historia y reconstruir o reconfirmar la relación.

b. «Sí lo haría hoy, pero no me importa lo que te pasó.» Ante una respuesta así, queda claro que el otro no tiene interés en reconstruir la relación, y por tanto no podremos tener un vínculo. De esta manera me libero de la culpa. Al hablar, sea para una reconstrucción o no, siempre hay ganancia, pues al hacerlo estoy saldando mi historia. El rencor cede con el tiempo, pero la relación solo se sana hablando.

c. «No me importa. Yo ya tengo otro presente, y por eso no puedo tener una buena relación contigo.» Al no querer los padres reconstruir la relación, me libero del pasado y de nuestro hoy.

4. SANANDO LA FALTA DE PADRE

¿Es posible sanar la herida que nos deja el hecho de no haber tenido padre, o de haber tenido uno que nos pegó, nos maltrató, nos ignoró (un hombre físicamente presente pero emocionalmente ausente)? ¡Claro que sí! La mejor manera de sanar el pasado doloroso es hacer por alguien en el presente lo que nos hubiese gustado que papá hiciera por nosotros. Podemos decirle a alguien: «Tu porvenir será extraordinario.» O sembrarle un buen recuerdo a una persona. O dejarle una herencia de amor a quien está a nuestro lado.

Todos podemos sanar el pasado en el presente. Cada vez que hacemos algo activo por alguien, aquello que sufrimos pasivamente en el pasado comienza a sanarse. Permanecer en el pasado, repitiendo «Soy así porque mi padre me abandonó, o me pegó, o nunca me demostró amor», no nos permite salir del dolor, sino que lo amplifica. La única forma de empezar a cambiar la situación es pensar y actuar positivamente, haciendo lo que no hicieron con nosotros y nos habría gustado que hicieran. Y siempre habrá un abuelo, un tío, un mentor, de quien podamos imitar y atesorar en nuestras emociones aquellos actos, palabras, gestos y actitudes que validaron nuestra vida, y que nos gustaría repetir con nuestros hijos.

Fortaleza 8

La capacidad de aprender de las crisis nos da fuerza interior para transformar el error en crecimiento

1. Dos tormentas

Todos los seres humanos, sin distinción, atravesamos crisis en la vida, algunas más intensas que otras. Podríamos comparar la crisis con una tormenta que de repente ruge y sacude nuestras circunstancias, a veces transformándonos para siempre. Os invito a analizar a continuación dos tipos de crisis posibles:

a. Crisis sin recompensa
Es la que surge como consecuencia de pelear con el otro, por competir, por querer lucirse, o por la necesidad de someterlo. En este caso, la crisis es consecuencia de nuestros actos. A veces, incluso, nos enfermamos por pelearnos con los demás. Esto nos demuestra que las peleas son totalmente inútiles. ¿Por qué? Porque no hay recompensa en la pe-

lea. Las peleas con los miembros de tu familia, o con la gente del trabajo, no tienen recompensa. No levantemos tormentas en nuestra vida peleando con la gente. Si tenemos ese hábito negativo, esforcémonos por liberarnos de él. Tal vez digamos: «¡Pero a mí sí me pelean!» Para pelear hacen faltan dos; así que, cuando alguien nos busque para pelear, que no nos encuentre.

b. Crisis con recompensa

Es aquella que aparece sin que la hayamos provocado voluntariamente. No se trata de un castigo por haber hecho algo malo, como algunos creen. Muchos tienen esa creencia cuando un ser querido muere. Es simplemente una dificultad, una tormenta propia de la vida, y a todos nos tocó o nos tocará alguna vez. Frente a estas situaciones, no se trata de buscar culpables ni de que expliquemos por qué pasó lo que pasó. A través de la esperanza y la fe podremos superarlas. Y al atravesar esas crisis nos sentiremos más fuertes y habremos ejercido autoridad sobre la crisis. Por ejemplo, cuando ocurre un accidente o surge una enfermedad grave y salimos indemnes. No le tememos a las tormentas de la vida; son una parte ineludible de ella.

La fe es un elemento primordial en situaciones de crisis. Si estamos sanos, no necesitamos fe. Si nuestra economía crece día a día, no necesitamos fe. Necesitamos la fe para el momento en que venga la tormenta. ¿Cómo aprendemos las mejores lecciones? A través de las tormentas. Tengamos presente que toda dificultad que surge en nuestra vida posee una semilla de enseñanza, es decir, que de ella aprenderemos algo y nos permitirá convertirnos en personas más fuertes y sabias, con experiencia, que pueda inspirar a otro cuando pase por lo mismo. Por esa razón, no hay que escapar de las dificultades; por el contrario, tenemos que sacarle el máximo provecho.

*La crisis es el mejor catalizador para el aprendizaje.**

2. ORGULLO VS. ESTIMA

Algunas personas parecen vivir de crisis en crisis. Uno les pregunta: «¿Cómo estás?», y responden: «¿Quieres que te cuente? ¿Tienes tiempo?» Siempre tienen algún problema nuevo e, incluso, a veces uno tiene la sensación de que «disfrutan» sufriendo. Una de las razones de que nos vaya mal en la vida puede ser algo que todos tenemos: orgullo. Pero si en lugar de actuar con orgullo lo hacemos con estima, muy probablemente nos irá mejor.

¿Cómo es una persona que tiene estima en cuanto a sus sueños? Sueña cosas grandes y actúa para alcanzar esos sueños. «Sueño con cantar en el estadio Bernabéu.» «¿Y qué estás haciendo al respecto? ¿Has empezado a estudiar música?» «Pues no.» Eso es orgullo. El orgulloso sueña cosas grandes, pero no actúa en consecuencia, no ejecuta. ¿Por qué? Porque cree que los demás están a su disposición, cree que como él es especial y tiene ese sueño grande, Dios y la vida tienen que ayudarlo. Cuando una persona tiene estima, sueña y actúa en consecuencia; cuando una persona es orgullosa, sueña pero no actúa, porque cree que se lo merece, que se lo deben, que tienen que ayudarla. Cuando alguien dice: «No me llamaste, no me contuviste», eso es orgullo. Por eso en esa actividad, por lo general, no le va bien. ¡Soñemos cosas grandes y movámonos para conseguirlas!

* Jorge González Moore, *A la orilla del camino*, JGGM, 2013.

¿Cuál es el lema de una persona que tiene una buena autoestima? «Yo puedo.» Todos podemos alcanzar el sueño, podemos crecer, tener una familia feliz, tener un matrimonio sano, tener hijos con proyectos y metas. El orgulloso dice: «Yo ya sé.» Por eso le va mal. Cuando una persona dice que sabe, no se deja enseñar, y si no corregimos los errores, no podemos crecer. El narcisista siempre culpa a los demás. Como cuando asistíamos al colegio y si nos iba bien decíamos: «Aprobé, qué genio soy»; pero si nos desaprobaban, nos quejábamos: «Me cateó la profe, ya sabía yo que me tiene ojeriza.» Es decir, que cuando a uno le va mal es culpa de los demás; y cuando le va bien... ¿qué otra cosa podía esperarse?

> Nuestro carácter nos hace meternos en problemas, pero es nuestro orgullo el que nos mantiene en ellos.
>
> **Esopo**

La gente con buena autoestima es humilde. Humildad es aprender y dejarse enseñar. Al humilde le suele ir bien en la vida y tarde o temprano alcanza sus metas; mientras que al orgulloso le suele ir mal porque su pensamiento es: «Yo ya sé; no me digas nada.»

Una persona con autoestima reconoce sus errores, no los tapa, no los niega, no los vive como una humillación. «Bueno, me equivoqué, lo corrijo y sigo adelante.» Una persona con orgullo comete un error y lo tapa porque lo vive como una humillación y siente vergüenza. Por eso no acepta consejos, pues siente que si alguien le da un consejo, le está diciendo implícitamente que cometió un error. El orgulloso no acepta un consejo, ni siquiera una sugerencia, no se deja enseñar, no puede corregir los errores, no logra avanzar.

La gente con buena autoestima tiene todas las emociones. Se enoja, se alegra, se sorprende, etc. Pero la gente or-

gullosa solo tiene alegría y enojo. La alegría del omnipotente: cuando cree que todo lo puede, está contento; y el enojo
del frustrado: cuando algo le sale mal, reacciona, no tolera
la frustración. Una persona con autoestima se frustra y sigue adelante; pero el narcisista dice: «A mí me hirieron», y
se enoja permanentemente.

Una buena autoestima se manifiesta en todas las áreas de
la vida. ¿Cómo es una persona así en el trabajo? Disfruta lo
que hace, su aporte, su vocación. En cambio, una persona orgullosa no disfruta del trabajo, quiere estatus, títulos, reconocimiento, ser visto. Un docente con buena autoestima piensa
en el alumno, en que aprenda; un docente narcisista piensa en
sí mismo, en que el alumno vea cuánto sabe. Un conferenciante con buena autoestima piensa en que la gente pueda
escuchar algo bueno; un conferenciante fanfarrón quiere
que la gente lo mire, lo admire y repita sus palabras.

Un narcisista no tolera tener jefe, pero, por supuesto,
quiere tener subalternos. El jefe le molesta porque no so-
porta las indicaciones de nadie, descalifica a todos y dice
cosas como: «Mi único consejero soy yo mismo, nadie
más.» Hasta es capaz de hacerle sugerencias a su jefe. Una
persona con buena autoestima se relaciona con toda clase
de gente; aprende a tener jefes y acepta órdenes; también
tiene pares y subalternos.

3. CUATRO ACTITUDES PARA QUE NOS
   VAYA BIEN

A continuación veremos cuatro ideas a fin de evitar
aquellas crisis que dependen de nosotros y para salir rápidamente de las que la vida nos presenta a todos:

a. *Pensar bien de la vida*

Ensanchemos nuestra imagen de la vida. Incorporemos nuevas imágenes positivas de la vida, sobre todo si no las heredamos de nuestro entorno familiar. Y desechemos todo lo negativo (las noticias están llenas de eso), que solo nos produce angustia y preocupación. Cada vez que ensanchamos nuestra visión de la vida, caminamos con confianza y fortaleza.

b. *Pensar bien de uno mismo*

¿Qué pensamos de nosotros mismos? Cada ser humano es único en el álbum de la vida. Dejemos de lado la falsa humildad y comencemos a hablar bien de nosotros mismos, a creer en nosotros. No importa si somos empleados, o si estamos desocupados temporalmente, o si no hemos estudiado. Hay grandeza en nuestro interior. Pensemos cosas buenas de nosotros, no nos autolimitemos ni nos infravaloremos. No nos engañemos por lo visible, nuestro interior alberga un potencial extraordinario que se liberará si nos atrevemos a reconocerlo. Miguel Ángel pasaba horas frente a un bloque de mármol para que se formase en su mente la imagen de lo que iba a esculpir. Tengamos expectativas de cosas buenas para nuestra vida. ¡Llenémonos de expectativas de un gran futuro!

c. *Seguir a grandes personas*

Sócrates fue maestro de Platón, que a su vez fue maestro de Aristóteles. Y Aristóteles fue maestro de Alejandro Magno. La gente grande se junta con gente grande. ¿Quién nos enseña a nosotros? Juntémonos con gente grande que nos enseñe, con quien ya lo haya logrado y pueda empujarnos hacia delante.

d. Hacer grandes esfuerzos

Todo lo que cuesta se valora. A veces no recibimos lo que pedimos inmediatamente para que, cuando llegue, podamos valorarlo de verdad. A muchos padres nos sucede que les damos cosas a nuestros hijos y al minuto ya no las disfrutan. Otros, que con esfuerzo lograron cosas en la vida, las cuidan mucho más. Esforzarnos un poco más, no abandonar a mitad de camino, es una receta infalible para que nos vaya bien.

> En los momentos de crisis, solo la imaginación es más importante que el conocimiento.
>
> **Albert Einstein**

4. PLANES DE LARGO ALCANCE

La actual época de posmodernismo consiste en no hacer planes a largo plazo. Esta corriente implica disfrutar el ahora, pasarlo bien ahora. Por eso, vemos jóvenes que entre los veinticinco y treinta y cinco años sienten mucha angustia porque no pueden formar una familia. Eso se debe a que el individualismo de vivir el momento, de no hacer planes de futuro, los hace vivir en un vacío constante. «Yo lo paso bien ahora... y busco otra situación para volver a pasarlo bien... y busco otra cosa para pasarlo bien nuevamente.» Es su manera de vivir. Los jóvenes tienen en su agenda una planificación de corto alcance. No negocian su libertad interna para formar una pareja o para alcanzar otras metas. Pero uno tiene que sacrificar parte de su libertad presente en pos de un objetivo futuro más grande.

La cultura de «vive el momento» hace que el ser humano salte de un tema a otro, de una persona a otra, de un hecho a otro. Y lo único que se consigue así es un enorme vacío. Cuando el horizonte está visible a lo lejos, puedo disfrutar las cosas que vivo y superar cualquier crisis que surja en mi vida. Por ejemplo, si voy a jugar la Champions, cada partido que juegue tendrá sentido porque puede llevarme a una meta grande, que está allí delante.

Los que ya tenemos cierta edad recordamos que cuando éramos adolescentes nos decían: «Termina el instituto y después puedes hacer lo que quieras. Si no te apetece seguir estudiando, trabaja, pero el instituto debes terminarlo.» A mí no me gustaba el instituto, pero era una meta. Y por fortuna mi madre me enseñó a establecerme esa meta a largo plazo. Cada asignatura que aprobaba hacía que me repitiera: «Voy a terminar, voy a terminar.» Y cuando lo terminé, nació en mí el deseo de estudiar, que se mantiene hasta el día de hoy. ¿Por qué? Porque me enseñaron a tener metas a largo plazo. Cuando tracemos nuestros sueños y vayamos hacia ellos, ya no nos levantaremos pensando qué hacer ese día, y el siguiente, y así sucesivamente. Cuando establecemos horizontes grandes, sabemos hacia dónde dirigir nuestra vida y qué hacer cada mañana al levantarnos. Dediquemos tiempo a sentarnos a pensar, descubrir y trazar la pasión que alberga nuestro corazón.

¿Por qué hoy la gente se desmoraliza o se deprime tanto y entra en crisis? Porque no sabe hacia dónde quieren ir en su vida. Pero si uno se traza un sueño grande con visión de futuro, le vaya bien o le vaya mal, dirá: «No importa, volveré a levantarme porque esto (esta aisgnatura no aprobada, por ejemplo) no es mi destino; mi destino es la meta que quiero alcanzar.» Antes de que Edison inventara el filamento para la bombilla eléctrica se equivocó muchas veces. Una vez su ayudante le dijo: «Maestro, ya fracasamos novecientas veces», y él le respondió: «No; ya conozco novecientas cosas que no funcionan.» La mente del ayudante mira el error, pero la mente del líder mira el destino y dice: «No me importa que no me haya salido hasta ahora; yo estoy aquí para inventar la bombilla eléctrica.»

Cuando nos tracemos un sueño grande, trascendente, no permitamos que la inflación nos detenga. ¿Qué hace la inflación? Nos hace gastar el dinero porque, al no tener valor, no planificamos a largo plazo. «¿Cambiar el coche? ¿Comprar una casa? ¿Para qué? Si mi situación es un desastre», dicen muchos. No importa la situación actual; a pesar de todo, planifiquemos lo que deseamos hacer y, sobre todo, estar cada año mejor. No vivamos el momento; elijamos un sueño de largo alcance. Cuando éramos adolescentes nos poníamos de novios para formar una familia. Había una meta allá delante. Nuestros padres tal vez lo hicieron y se equivocaron, algunos matrimonios terminaron mal, pero más allá de eso ellos se imaginaban comprando una casa, teniendo una familia. Hoy la sociedad posmoderna nos roba los sueños de largo alcance y nos dice: «Respira, vive la vida ahora, pásalo bien.» Por eso hay tanta angustia, pero todos podemos trazarnos sueños grandes y terminar haciéndolos realidad.

Las crisis son inevitables, no podemos escapar de ellas. Pero sí podemos aprender a superarlas con rapidez, a surfearlas para que no nos destruyan, sino todo lo contrario: para que nos fortalezcan y nos hagan seres humanos con piel de rinoceronte; es decir, a prueba de todo.

FORTALEZA 9

La ecpatía nos da fuerza interior para distanciarnos y administrar situaciones difíciles

1. UN MAL DE ESTOS TIEMPOS

¿Alguna vez fuiste burlado o burlada? ¿Alguna vez te burlaste de alguien? La burla es parte de la vida y podemos identificar dos tipos de burladores:

- El burlador tímido
- El burlador narcisista

El primer burlador es el que se ríe, exagera o inventa un defecto del otro para decirle: «Yo soy mejor que tú.» Eso pasa mucho con los chicos, que a determinada edad dicen, por ejemplo: «¿Te hiciste pis?», lo cual significa: «Yo no me hago pis; yo soy mejor que tú.» Cuando alguien se burla de nosotros, lo que está diciendo indirectamente es: «Soy mejor que tú.»

El segundo burlador es el típico fanfarrón que se burla sin

> ¿Qué ganarías con injuriar a una piedra, que es incapaz de oírte? Pues bien, imita a la piedra y no oigas las injurias que te dirijan tus enemigos.
>
> Epicteto de Frigia

que uno se dé cuenta. Se burla para agradar al grupo, para quedar bien con los demás, y muchas veces el burlado ni se entera porque su objetivo no es decir «Soy mejor que tú», sino que lo acepten en el grupo.

Muchos burladores son envidiosos. El envidioso que no pudo lograr algo en la vida, se burla y critica a aquel que concluyó lo que él dejó por la mitad. Por ejemplo, es el caso del hombre que quería ser concertista pero terminó conduciendo un taxi. Entonces va a una sala de conciertos y opina: «Mira esa orquesta, qué mal toca.» El envidioso envidia lo que otro logró terminar y a él le quedó por la mitad.

El hecho es que si uno no sana la herida por aquellas cosas que no logró y no puede celebrar que otro sí lo haya logrado, queda atascado en la envidia o la burla. El que se burla o critica siempre, habla más de sí mismo que de su víctima. ¿Qué está mostrando el que se burla o critica? Que tiene un problema interior.

¿Qué tenemos que hacer cuando se burlan de nosotros o nos critican? Primero, *no levantar el guante*. ¿Qué significa esto? No reaccionar cuando se burlen de nosotros. Y no reaccionar significa no atacar, no defenderse, no subirlo a las redes sociales. No hay que levantar el guante, no vale la pena.

Y segundo, *cancelar las burlas con acciones*. Si, por ejemplo, en el trabajo se burlan porque somos distraídos y olvidamos ciertas cosas, corrijamos eso por lo que se están burlando de nosotros. Es la mejor manera de desautorizar a los que se burlan de nuestra manera de ser.

Y sepamos que el burlador no tiene tanto poder como

aparenta. Todos los que se han burlado de nosotros, nos han estigmatizado o prejuzgado parecen fuertes, pero en el fondo son débiles. No tienen tanto poder y no debemos darles trascendencia. ¡No perdamos ni un minuto con los burladores! Cada vez que logremos algo, alguien nos puede atacar. Pero eso no debería preocuparnos; todo lo que uno siembra tarde o temprano termina cosechándolo. Todo sale a la luz. Lo malo que sembramos sale a la luz y también lo bueno que hacemos.

Por eso, deberíamos ignorar la burla. Cancelemos todo lo que nos menosprecie; rechacemos todo lo que nos minimice; no le demos tanta importancia a lo que en verdad no la tiene. Sigamos creciendo, bien enfocados. La vida es maravillosa.

2. CÓMO CONSEGUIR QUE LO NEGATIVO NO NOS AFECTE

La mayoría de las personas se angustian frente a la burla, la crítica, el chisme, etc. ¿Existe la manera de que todas estas cosas no nos afecten? A continuación veremos tres principios que pueden ayudarnos a tal fin:

a. Saber que soy un «resolvedor» de problemas

Al directivo de una empresa le pregunté cómo hace para manejar tantas presiones de índole política y laboral, y esta fue su respuesta: «Yo estoy aquí para resolver problemas.» Algunas empresas les pagan muy bien a sus empleados para resolver problemas.

Un presidente de un país se enfrenta todos los días a grandes problemas, a veces de alcance mundial. ¿Qué hace entonces? ¿Se angustia? ¿Se paraliza? No; piensa que está en ese cargo para demostrar su capacidad de resolverlos. Tú y yo somos «resolvedores» de problemas. Y el tamaño de los problemas que resolvamos será proporcional al tamaño de las recompensas que recibiremos en esta vida.

Cuando surgen dificultades, no deberíamos preguntar *por qué*, sino ocuparnos de resolverlas. Siempre habrá problemas diversos, económicos, familiares, de salud, afectivos. Pero cuando aprendemos a resolverlos, a no ahogarnos en ellos, a no quejarnos, la recompensa es grande y extraordinaria. La próxima vez que tengamos un problema, resolvámoslo. Aprovechemos la oportunidad de ser «resolvedores» de problemas y llevémonos el premio.

b. *Saber que todo problema tiene solución*

Necesitamos tener en mente que siempre, de una u otra manera, todo problema vamos a terminar resolviéndolo.

¿Cuántos problemas resolvimos en el pasado? Seguramente muchos, porque todo tiene una posible solución. A veces no es la que pensamos, sino una mucho mejor. Cuando adoptamos la mentalidad de líder que sabe que el final del problema será para su beneficio, caminamos por la vida con mayor libertad y tranquilidad. Entonces es cuando lo negativo ya no puede afectarnos.

Muchas personas, ante un problema, se enferman. Pero muchas otras se mueven en la esperanza de que al final les va a ir bien. Cuando tenemos la certeza de que el final del partido será a nuestro favor, lo jugamos tranquilos y con alegría. Cuando aparezca un problema en nuestra vida, por ejemplo en el ámbito familiar, pensemos en el futuro y digámonos: «Voy a pasar esta tormenta. Tal vez me cueste resolver esto, pero al final lo resolveré.» Esa actitud hace que uno camine con menos ansiedad.

Cuando una persona tiene mucha ansiedad, puede sufrir un accidente. Un médico me explicó que la gran mayoría de los accidentes en la época de vacaciones se producen al volver, no al partir. ¿Por qué? Porque uno está más cansado. Entonces, cuando está llegando y faltan unos pocos kilómetros, acelera para llegar antes y es allí cuando puede sufrir un accidente. Por ir más rápido el ansioso no presta atención a los detalles. Por eso comete más errores y puede tener accidentes. Al relajarnos lo malo no nos afecta, sino que lo interno nuestro cambia lo malo para siempre.

c. Aprender a administrar mis emociones

Para que las cosas no nos afecten necesitamos manejar nuestras emociones con sabiduría. ¿Qué quiere decir eso? Por ejemplo, cuando a alguien se le muere un ser querido, no decir simplemente: «Te acompaño en el sentimiento. ¡Qué terrible pérdida!», sino tratar de meternos en el dolor del otro para compartirlo a su lado. De eso se trata la *empatía* (meterse en los zapatos de alguien), que es el requisito principal para lograr dos cosas fundamentales en la vida: salud mental y una pareja sana. Nadie puede formar una pareja feliz si no sabe empatizar con el otro.

El psicópata puede violar, matar, robar, abandonar a los hijos, etc., y no sentir ningún remordimiento. Toma a las personas como objetos y las descarta porque no puede tener empatía; es decir, sentir las emociones de los demás. Cuando un niño se accidenta en el patio del colegio y otro lo abraza, lo hace porque siente empatía, siente el mismo dolor del lesionado. Cuando alguien está en su primer día de traba-

> La convicción de que otros también pueden sufrir y prosperar como nosotros es la esencia de la empatía y el fundamento de la moralidad.
>
> Steven Pinker

jo y viene alguien a saludarlo, este está empatizando con lo que siente el recién llegado. Quien sabe empatizar es dueño de sus emociones y difícilmente será controlado por estas.

La baja empatía, en cambio, aleja a los demás. Si uno está en un grupo y habla todo el tiempo sin dar espacio a los otros, no tiene empatía y la gente lo dejará de lado. Si uno entra en un lugar y está enojado (y lo demuestra), si le grita a todo el mundo, sean conocidos o desconocidos, la gente lo aislará. La persona que le cuenta a otros sus problemas durante horas no tiene empatía, porque usa al otro como un depósito donde volcar su amargura; por lo general después no dice: «A ver, ahora cuéntame cómo estás tú. Quiero escucharte.»

> La empatía desaparece en el mismo momento en que nuestros sentimientos son tan poderosos como para anular todo lo demás y no dejar abierta la menor posibilidad de sintonizar con el otro.
>
> Daniel Goleman

3. Empatía vs. ecpatía

Cuando a una persona la traicionan y sigue con su vida como si nada porque no le afecta, administra sus emociones negativas no a través de la empatía, sino de la *ecpatía*. Es un término nuevo, se acaba de acuñar, pero la actitud existe desde siempre. No es frialdad ni baja empatía, sino la actitud racional que asumo cuando no permito que me afecten las emociones que el otro me está transmitiendo. Es lo que hace el bombero cuando entra en un incendio y ve a la gente llorando. No se centra en ella y piensa: «Pobres, han perdido su casa», sino que se centra en el fuego; sabe lo que siente, pero deja sus emociones a un lado para poder lidiar con la situación.

La ecpatía consiste en elegir voluntariamente manejar las propias emociones y tomar distancia de la situación. Muchas personas pierden años de su vida por entrelazarse afectivamente con los demás y no centrarse en la tarea para la cual fueron llamadas. Uno no tiene que centrarse en lo que siente (ni en lo que siente el otro), sino en la tarea que tiene que cumplir. Es lo que hace el crítico de cine. Va al cine y ve una película, pero no se emociona. Podríamos pensar que esta persona es fría, pero en realidad guarda sus emociones porque tiene que mirar la iluminación, la escenografía, la actuación, la edición, etc., o sea, poner el foco en otro lado. No tenemos que perder nuestro objetivo en la emoción del otro; no importa si el otro siente envidia, rabia, alegría, tristeza o lo que sea. Nosotros tenemos la capacidad de controlar nuestras emociones. Esto también vale para las emociones positivas. Hay lugares y personas a los que no deberíamos mostrar nuestra alegría. ¿Por qué? Porque, hagamos lo que hagamos, siempre habrá alguien que nos va a odiar. Seamos inteligentes a la hora de saber dónde expresar nuestras emociones positivas.

> Si tus habilidades emocionales no están a mano, si no tienes conciencia de ti mismo, si no eres capaz de manejar tus emociones dolorosas, si no puedes tener empatía y mantener relaciones afectivas, entonces no importa lo inteligente que seas, no vas a llegar muy lejos.
>
> Daniel Goleman

Como ya mencionamos, cuando alguien se burla o critica, eso habla más del que lo hace que del burlado o criticado. Pero cuando alguien felicita, eso también habla más del que lo hace que del otro. Por eso, tampoco nos jactemos de los aplausos si no queremos que nos afecten las burlas y críticas. Dijo el sabio Salomón que la gente habla de aquello que abunda en su corazón. Si alguien nos bendice (habla bien de nosotros) es porque está lleno de bendición; y si alguien te maldice (habla mal de nosotros) es porque está lleno de maldición.

Necesitamos más ecpatía para que lo malo no nos afecte, la cual es un signo de madurez, pues nos permite controlar las emociones y nos convierte en personas fuertes, capaces de enfrentar cualquier situación que se nos presente.

Fortaleza 10

La resiliencia nos da fuerza interior y nos permite salir fortalecidos de las crisis

1. ¿Todos somos resilientes?

A lo largo de la historia, los seres humanos han enfrentado situaciones y circunstancias muy graves que los ponían en un estado de suma vulnerabilidad y quiebre emocional. Esas situaciones afectaban a toda la comunidad —guerras, epidemias y terremotos— o a individuos —accidentes, abusos físicos o emocionales, enfermedades, etc.—. El hombre necesita recuperarse de esas vivencias para poder seguir adelante. La forma individual de reaccionar ante la adversidad, ya sea grupal o personal, es variable y va de la resignación, el abandono o el desánimo a la fuerza interior para continuar. Esta habilidad que tienen algunas personas para reponerse de traumas y situaciones negativas se conoce como resiliencia.

¿Por qué en una misma situación a una persona le va mal, mientras que otra logra sobreponerse y crecer? La respuesta es que ha desarrollado la capacidad resiliente que alberga todo ser humano.

La palabra «resiliencia» fue utilizada primero en el área de la física y la medicina y, con el tiempo, en el campo de las ciencias sociales. Se refiere a personas con un desarrollo psicológico sano y recibe la influencia de elementos como los vínculos con otras personas, las experiencias positivas, el coeficiente intelectual, la pertenencia social, la cultura y la religión.

La resiliencia nos anima a analizar las condiciones que despiertan habilidades para pensar de manera crítica, que luego podemos utilizar para adaptarnos a la dificultad y salir fortalecidos. Estas condiciones tienen su raíz en elementos como la cultura, la crianza, etc. Las relaciones interpersonales son las que brindan las características particulares en cada caso. Se han realizado investigaciones con personas que tuvieron que atravesar situaciones extremas, como una enfermedad terminal, una guerra, la pérdida de seres queridos o traumas severos, y el resultado fue que todas necesitaron encontrar herramientas internas que ignoraban poseer para sobreponerse al dolor, con el apoyo de familiares y amigos.

> Los malos tiempos tienen un valor científico. Son ocasiones que un buen alumno no se perdería.
>
> Ralph Waldo Emerson

La resiliencia es la habilidad por la cual una persona puede soportar situaciones traumáticas y recuperarse para retomar la rutina de su vida, sin darse por vencida.

Boris Cyrulnik, uno de los principales autores que estudia este tema, afirma que la resiliencia es una fuerza interior que capacita a una persona para continuar adelante con su vida a pesar de haber sufrido traumas. Esta fuerza interior a la que hace referencia no es una característica fija, sino que depende de las experiencias vividas y del momento específico en que se necesita.

Otro estudioso del tema es Michel Manciaux, quien dice que *resiliar* significa «superar una enfermedad o un trauma y seguir adelante», es decir, atravesar dignamente las pruebas que la vida nos presenta, sin ser vencidos por estas.

> *Un resiliente es aquel que ha logrado*
> *superar circunstancias duras.*

Ser resiliente es sacar a la luz todas nuestras fortalezas interiores.

La resiliencia hace que salgan a la luz para lograr sobreponernos al peligro, volver a adaptarnos al medio en que nos movemos y tener así una mejor calidad de vida.

La resiliencia nos permite ver la vida, y a los demás, desde el lugar de la esperanza y las nuevas oportunidades. Reconocer que somos capaces de volver a empezar todas las veces que sea necesario nos empuja a buscar nuevas estrategias y reconocer las oportunidades (que tal vez antes no veíamos) que se nos presentan a diario.

La resiliencia nos brinda la capacidad para relacionarnos con otras personas por medio de:

- *La inteligencia emocional.* Saber manejar nuestras emociones es la base para relacionarnos socialmente de forma sana. Necesitamos aprender a procesar las emociones propias y ajenas, para así utilizarlas a nuestro favor allí donde nos movemos.
- *El amor.* Es una emoción que guarda relación con las necesidades universales de apego y pertenencia. Nos permite conectar con otras personas, cosas y aconte-

cimientos, y disfrutar de intimidad y contacto, tanto a nivel físico como psicológico.

- *El sentido del humor.* Es un ingrediente de variados matices que consiste básicamente en el proceso mental que nos permite reír y hacer y aceptar bromas. Algunos creen que se trata de un mecanismo de defensa saludable.

- *La empatía y el altruismo.* La empatía nos lleva a reaccionar ante las necesidades de los demás; el altruismo es la motivación que nos impulsa a ayudar al prójimo. Ambos elementos moldean la conducta social, ya que disminuyen la violencia y aumentan la solidaridad.

Saber qué es la resiliencia nos brinda la oportunidad de ver el dolor y el sufrimiento desde otra perspectiva. Dicha visión es hoy en día mucho más optimista y esperanzadora que en el pasado.

2. Características de una persona resiliente

Una de las bases de la resiliencia son las relaciones interpersonales. En primer lugar, aceptar al otro para luego encontrarle sentido a la propia vida. Ambos elementos suelen conectarse por medio de un proyecto, una actividad o una creencia religiosa. Otros elementos que dependen del entorno son:

- *La autoestima*
- *Las habilidades sociales y profesionales*
- *El humor*

• *El autocontrol sobre las circunstancias que le dan sentido a la vida*

Estos son algunos de los elementos que nos ayudan a adquirir resiliencia, mencionados por la American Psychological Association (2004):

> Cuando todo parezca ir contra ti, recuerda que el avión despega contra el viento, no a favor de él.
>
> Henry Ford

• Mantener relaciones de afecto y apoyo tanto en la familia como fuera de ella. Relaciones basadas en el amor y la confianza que nos brinden modelos positivos, aliento y seguridad.

• Tener la habilidad de hacer planes realistas y llevarlos a la práctica.

• Poseer una percepción positiva de las fortalezas y habilidades propias. También la capacidad de comunicarnos con eficacia y de resolver problemas.

• Ser capaz de manejar impulsos y emociones fuertes.

Ante ciertas situaciones traumáticas suele resultar prácticamente imposible encontrarles un sentido. Pero la persona puede comenzar a hallarlo si deja de preguntarse «por qué», lo cual la mantiene atada al pasado, para enfocarse en el «para qué».

3. INGREDIENTES PARA SEGUIR AVANZANDO

Para ser resilientes frente a cada situación crítica, es decir, para seguir creciendo y no detenernos, nuestra vida debería estar sostenida por dos pilares únicos y necesarios: el perdón y la fe. Analicemos cada uno de ellos:

El *perdón* es un proceso que en una primera etapa no

excusa en absoluto el daño ocasionado. Pero nos permite al menos comenzar a entender las circunstancias duras, para luego aceptar que aquel que ha sufrido una herida tiene derechos y cuenta con la capacidad de seguir adelante. Después de una reacción inicial de odio, violencia o venganza, la espiritualidad nos brinda el espacio para reflexionar, como en cualquier otro tratamiento, pero con un elemento agregado: la eficacia. Responder a ciertas preguntas —«¿La venganza le brindará a mi vida la paz que necesito? ¿Me servirá para construir mi vida a corto, medio o largo plazo?»— ofrecerá una mayor comprensión y esperanza en un futuro mejor.

> Debemos aceptar la decepción finita, pero nunca debemos perder la esperanza infinita.
>
> Martin Luther King

El perdón nos presenta dos alternativas: destrabar la mente y el cuerpo, lo cual nos habilita a continuar con nuestra vida o quedarnos anclados en el dolor. La resiliencia no solo trata de enfrentar la adversidad, sino, además, de ser transformado, aprender y evolucionar, a pesar de las dificultades.

La *fe*, o la espiritualidad, guía a un ser humano a procurar superarse y trascender mediante un propósito de vida, y a su vez funciona como un motor que le permite saber que tiene fortalezas internas para convertirse en una persona resiliente.

La fe está íntimamente relacionada con el bienestar general de una persona y de un grupo. Todos somos seres espirituales en esencia, pero cada uno posee una visión particular de sí mismo y de sus características individuales. Como resultado, la vida espiritual no es la misma para cada persona, lo cual hace que no todos nos convirtamos en resilientes. Esto depende de las circunstancias y el momento de la vida que atravesemos.

La resiliencia es la fuerza interna que nos brinda la posibilidad de exclamar: «¡Soy capaz de superar esta situación adversa!»

La fe, que es un producto de la espiritualidad individual, es el motor que activa la resiliencia: la habilidad de sobreponernos a situaciones de estrés, de extrema debilidad, en contextos donde sin ella no lograríamos sobrevivir. La fe es el soporte de la resiliencia que descansa en la existencia de un Ser Superior llamado «Dios», que es el sustentador de la vida. Podemos considerarlo un recurso que posibilita no solo hacerle frente al dolor, sino también crecer y avanzar.

La persona con fe no teme enfrentarse a situaciones negativas, que la mayoría de la gente intenta evitar, y fortalece así el poder resiliente que hay en su interior. El ser humano es resiliente por naturaleza, y si a ello le sumamos el desarrollo voluntario de ciertas características positivas, como el humor, la empatía y la autoestima, el proceso de superación de la adversidad será más breve y menos traumático. La fe suaviza los efectos de la adversidad. De ninguna manera la niega, sino que se convierte en la base de un mañana esperanzador frente a un presente difícil. Podríamos considerar la fe como el combustible que enciende y pone en marcha la resiliencia.

> **La fe es la fuerza de la vida.**
> **León Tolstói**

Personajes como Viktor Frankl y Ana Frank, víctimas de los mayores horrores que el hombre es capaz de producir, demostraron la necesidad del individuo de encontrarle un sentido a la vida, incluso en medio de las circunstancias más difíciles. Ellos lo hicieron a través de la resiliencia, esa fuerza interior que muchos desconocen pero que nos ayuda a formar una nueva identidad.

Cientos de ejemplos demuestran que poseer una vida espiritual, o determinada fe en algo o alguien (más allá de la religión), le da sentido a la existencia y permite desarrollar una personalidad resiliente ante las dificultades y los obstáculos que todos encontramos en el camino.

Si somos capaces de poner en acción toda nuestra fuerza interior, nuestros puntos fuertes, podemos ser resilientes. Darnos la oportunidad de cambiar y darle una vuelta a nuestra vida, cada vez que sea necesario, nos permite transformar el dolor, evolucionar y seguir creciendo.

FORTALEZA 11

Ser responsables nos da fuerza interior para pensar qué hacer en cada situación

1. SIN EXCUSAS LLEGO LEJOS

¿Qué es la excusa? Es una disculpa para no reconocer el error. Todos nos equivocamos, y frente al error tenemos dos caminos: aprender de ese error o explicarlo. Esta última opción es la excusa. Por lo general, las personas viven poniendo excusas para justificar aquello que no obtiene el resultado esperado o para explicar un error. Desde las excusas más comunes —«Llegué tarde porque el autobús tuvo un problema por la lluvia»— hasta las más creativas y complejas. Sin embargo, si bien la excusa calma momentáneamente el dolor del error, también te inmoviliza.

Cuando cometemos un error y en lugar de corregirlo lo explicamos, no crecemos, no avanzamos; en cambio, cuando aprendemos del error y decimos: «Cometí este error, pero de ahora en adelante no volverá a sucederme», podemos avanzar y llegar lejos.

Frente a un error, las personas *culpógenas* se echan la

culpa y dicen: «Me equivoqué, a mí todo me sale mal», «Soy un desastre», «No sé hacer nada bien». También están los narcisistas que afirman: «Ha sido por tu culpa», «No me dijiste», «No me explicaste».

> ¡La culpa, querido Brutus, no es de nuestras estrellas, sino de nosotros mismos que consentimos en ser inferiores!
>
> **William Shakespeare**

Estas personas culpan a los demás, atribuyen los errores a los otros. Cada vez que ponemos una excusa —culpándonos o culpando a otro— no aprendemos y, por tanto, no crecemos. Cuando nos equivocamos debemos admitir: «Me equivoqué, pero de ahora en adelante no volverá a suceder.» *Las excusas siempre son* a posteriori, *por eso no sirven*. Si, por ejemplo, digo antes: «Si no salimos a tal hora llegaremos tarde», estoy previniendo, pero una vez que las cosas salieron mal, dar la explicación no sirve. Lo que debemos hacer es visualizar dónde está el error y agregarle la frase: «De ahora en adelante no volverá a suceder.» Por ejemplo, teníamos que entregarle un trabajo al jefe el miércoles, pero lo entregamos el jueves. Podemos argüir una excusa y decir: «A mí me dijeron que el trabajo era para el jueves, no me informaron bien. La culpa la tiene el otro», en cuyo caso nunca llegaremos lejos; o bien podemos decir: «Yo pensaba que había que entregarlo el jueves, pero voy a corregir mi error y de ahora en adelante voy a preguntar bien la fecha de entrega.» ¡Así sí podremos llegar lejos!

Necesitamos aprender a ver el error y corregirlo; no importa si el factor que lo ocasionó fuimos nosotros o el otro, ¡dejemos de poner excusas!

2. LAS EXCUSAS MÁS COMUNES

Veamos cuáles son...

* «Me dijeron que no.»
Un autor muy conocido a quien ninguna editorial le quería publicar su libro, frente al rechazo, persistió hasta que finalmente una le dijo que sí. Al salir el libro, hacía tres acciones diarias para dar a conocer la obra:
1. Enviaba un e-mail a un amigo.
2. Escribía un artículo sobre el libro.
3. Enviaba un ejemplar de regalo a una personalidad. En cierta ocasión, un juez muy conocido que llevaba un caso famoso a nivel nacional, mientras almorzaba en un restaurante abrió el sobre que le habían enviado para ver qué contenía. Un periodista que se encontraba allí le sacó una foto y publicó una nota titulada: «Este es el libro que lee el juez X.» Esto generó una curiosidad a nivel nacional y el comienzo de lo que sería un éxito de ventas.

* «No puedo.»
Sylvester Stallone tuvo que vender su mascota, un bullmastiff llamado *Buktus*, por veinticinco dólares porque no tenía dinero para comer. Su esposa lo había echado de casa. Un día fue a ver boxear a Muhammad Ali y allí encontró la inspiración para escribir el guion de *Rocky*. Trató de venderlo en varias agencias, pero fue rechazado incontables veces, soportando que le dijeran cosas humillantes como: «Es un guion predecible»; «Es estúpido»; «Carece de gracia». Anotó todo lo negativo que le dijeron y lo leyó la noche que ganó el Óscar a la mejor película en 1977.[*] Un

---

[*] *www.excelsior.com.mx/funcion/2015/07/09/1033592*

día alguien aceptó la propuesta, y lo demás es historia. Stallone es uno de los actores mejor pagados de Hollywood. Él mató las excusas, dejó de lado el «no puedo porque no soy conocido», e insistió hasta que un día alcanzó el éxito.

- «Me cuesta.»
  Stephen Hawking padece de esclerosis lateral amiotrófica. Sin embargo, esta enfermedad no le impidió obtener los títulos de físico y matemático. Incluso, se lo ha comparado con Einstein. No puede moverse, su cuerpo no le responde, pero sus impedimentos físicos nunca han sido una excusa para no seguir avanzando.

- «No tengo dinero.»
  Li Jinyuan es uno de los treinta hombres más ricos de China. No hace mucho, sus 2.500 empleados recibieron unas vacaciones con todo pagado en España. Contrató una veintena de vuelos y reservó 1.650 habitaciones de hotel para que durante una semana conocieran Madrid, Barcelona y Toledo. En total, el magnate invirtió siete millones de euros para agasajar a sus trabajadores. El año anterior hizo algo similar en París. Y tiene previsto festejar de esa manera cada aniversario de su conglomerado empresario. Li Jinyuan creció en una familia muy humilde y hoy es multimillonario.

- «No me da la cabeza.»
  John Forbes Nash fue un matemático estadounidense especializado en geometría diferencial, ecuaciones en derivadas parciales y teorías de juegos. En 1994 recibió el Premio Nobel de Economía. Este hombre padecía de esquizofrenia, un trastorno mental crónico y grave caracterizado por alteraciones en la percepción de la realidad, alucinaciones

auditivas, pensamiento confuso y conductas anómalas. Algunas de sus frases más famosas son: «No creo en la suerte», «Lo que distingue lo real de lo irreal está en el corazón», «Caballeros, debo recordarles que mis probabilidades de éxito aumentan en cada nuevo intento». Nash no puso excusas y llegó a ser una persona brillante.

No importa si no podemos, no importa si no tenemos, no importa si no sabemos; si eliminamos las excusas, corregimos nuestros errores y nos proponemos crecer, sin duda lo lograremos.

> La realidad es curativa *per se*, si somos capaces de dejar que la experiencia penetre hasta nuestra base de datos sin excusas.
>
> Walter Riso

3. NO MÁS HÁBITOS NEGATIVOS

Cuando nuestra vida se detiene y se mueve desde las excusas y no desde las fortalezas, estaremos funcionando a través de hábitos negativos que no nos conducen hacia delante, hacia lo creativo, hacia lo nuevo, que tanto beneficio trae tanto a nuestra salud como a nuestra vida emocional. Analicemos los dos niveles en que funcionan los hábitos negativos:

• *Culpa*
Es una alarma interna que nos marca que hemos hecho algo que nos está perjudicando. Cuando aparece la culpa necesitamos revisar cuál es nuestro error a fin de corregirlo. Cuanto antes corrijamos el error, más rápido nos volveremos a restablecer. Los únicos errores que no se pueden corregir son aquellos que no logramos reconocer.

• *Poder*

En este nivel ya tenemos un hábito negativo instalado. No se trata de un error que corrijo y sigo adelante, sino que la transgresión se repite. Puede ser una adicción determinada o cualquier cosa que se repita constantemente. Sé que está mal y sufro. ¿Qué sucede aquí? El hábito negativo, cualquiera que sea, se ha formado porque estoy tratando de sanar una carencia afectiva. Cuando tengo una herida no sanada, me enlazaré con algo malo. Y ahora tengo dos problemas: la herida y lo malo que se me pegó. Por ejemplo, una persona que padece adicciones tiene una herida no sanada. La adicción se suma a esa herida. Cuando una persona vive en un hábito negativo es porque tiene una herida sin cicatrizar, por lo que necesita sanarse.

Los seres humanos tenemos un *pack* de personalidad. Por ejemplo, todos somos racionales y emocionales, seguros e inseguros, arriesgados y prudentes, independientes y dependientes, sociables y poco sociables. Y está bien poseer todas estas características, pero necesitamos tenerlas en equilibrio.

Supongamos que las dos características suman veinte puntos. A veces puede ocurrir que una esté más desarrollada que la otra, y así, por ejemplo, hay personas que tienen once puntos en lo racional y nueve en lo emocional, por lo que son más racionales que emocionales. Es normal que una característica supere a otra; lo importante es tenerlas más o menos equilibradas. Porque tengo que ser arriesgado, pero también ser prudente; tengo que ser sociable, pero también disfrutar de soledad.

¿Qué pasa cuando tenemos una de estas características muy baja? Por ejemplo, una mujer muy insegura: tiene diecinueve puntos de inseguridad y uno de seguridad. Ella se buscará como pareja un hombre que tenga diecinueve de seguridad. El problema es que, probablemente, esa persona también tenga diecinueve de independencia, razón por la cual no compartirán nunca nada.

Muchas veces, el tener cierto déficit o carencia en un área me hace buscar a alguien que destaque en esa área. Si la mujer del ejemplo tuviera diecinueve puntos de seguridad y uno de inseguridad, buscaría un hombre con diecinueve de inseguridad y uno de seguridad (y él la elegirá a ella también), para así dominarlo. Por eso es necesario descubrir en qué estamos desequilibrados.

Debemos trabajar para estar sanos, porque cuando lo estamos empezamos a sanar también al otro. Cuando estamos equilibrados y nos encontramos con alguien que es, por ejemplo, muy sociable pero no tolera estar solo, podemos aconsejarle: «Disfruta también de estar solo.» Así le transmitiremos equilibrio. Es bueno estar con gente, pero también estar solo; es bueno ser independiente, pero también depender a veces y pedir ayuda. Lo importante es estar equilibrados.

Le pregunté al doctor Kusnetzoff por qué roba la gente. Yo tenía dos teorías. Una, que lo hace por envidia. Si tenemos algo y a otro le molesta que lo tengamos, querrá quitárnoslo. Y no porque lo quiera tener, sino porque no quiere que nosotros lo tengamos. Dos, que lo hace para demostrar que es inteligente, porque «el vivo vive del tonto y el tonto, de su trabajo». Mientras algunos vamos al kiosco y pagamos lo que compramos, otros roban alguna golosina y salen corriendo. Piensan: «Ustedes los tontos pagan; nosotros los vivos no.» Como no tienen buena estima necesitan demostrarse que son astutos; o carecen de felicidad interna y necesitan arruinar los logros del otro. Además de estas dos teorías, Kusnetzoff me explicó que hay algo más antiguo. El que roba no tiene claro el límite entre lo propio y lo ajeno. Cuando un bebé agarra algo, no está robando. A medida que va creciendo, si lo hace, la madre es la primera en decirle: «No, eso no es tuyo», y el padre refuerza el mensaje con el ejemplo. Pero cuando esa frontera no se establece, esa persona no distingue lo propio de lo ajeno, y por eso lo toma y no tiene problema en hacerlo. La manida justificación «robo porque necesito para comer» es una mentira. Solo es la explicación que se da cuando uno no tiene el límite claro. También me explicó Juan Carlos que la persona que participa en una carrera de coches ilegal tiene el mismo problema: no tiene claridad entre su límite y el mundo externo. Por eso dice: «A mí no me va a pasar nada.» Los padres tenemos que enseñarles esto a nuestros hijos pequeños, porque si no lo hacemos, las autoridades se lo enseñarán después.

Necesitamos sanar nuestro corazón. Cuando la herida es sanada, el hábito pierde fuerza.

Miremos hacia dentro y busquemos en qué nos estamos equivocando. Cuando encontremos un error, corrijámoslo. Si descubrimos un hábito negativo, no huyamos, reconozcámoslo y sanemos la herida que se esconde detrás. Al poder verlo y cambiarlo, la excusa no será parte de nuestra vida. Asumiremos el error y lo convertiremos en aprendizaje.

4. «MODO ESPERA» VS. «MODO ACCIÓN»

Como ya vimos, la excusa nos limita, pero no solo eso, sino que también nos hace funcionar en «modo espera». ¿Por qué? Porque mientras estamos justificando un hecho sin dar respuesta o, mejor dicho, anteponiendo una excusa, nos detenemos. Muchas personas tienen grandes proyectos, planes maravillosos que aspiran a poner en marcha. «Este año voy a crecer económicamente», «He resuelto bajar de peso e iniciar una vida más saludable», «Estoy decidido a retomar los estudios», «Voy a conseguir un mejor trabajo», dicen. Sin embargo, llegado el momento, debido a las excusas que a sí mismos se dicen, no se activan. Esas personas están en «modo espera»; es decir, están esperando a que pase algo para ponerse en marcha. Esperan que terminen las vacaciones, esperan que alguien les traiga una propuesta, esperan que mejore la economía del país, esperan, esperan... ¡Mucha expectativa y poca acción! Colocan la excusa en primer lugar hasta que alguien viene a desvirtuarla.

> El que quiere hacer algo conseguirá un medio; el que no, una excusa.
>
> Stephen Dolley

No se trata de tener dinero, inteligencia u oportunidades: las personas que avanzan son las que hacen, las que desechan las excusas, salen del «modo espera» y entran en el «modo acción».

Si estamos en el «modo espera», si no nos movemos,
no lograremos nada de lo que nos propusimos.

¿Alguna vez os dijeron: «Te estoy reservando el lugar; si no vienes rápido, otro lo va a ocupar», o «Si no llegas a la hora, empezamos a comer y te perderás esta delicia»? Lo mismo ocurre en la vida: si no nos activamos, aunque tengamos planes y proyectos, no lograremos nada.

Tenemos capacidad, autoridad y fuerza interior para conquistar, por eso, para avanzar y lograr nuestras metas solo necesitamos ponernos en «modo acción». No esperemos que nadie nos rescate. ¡Nosotros tenemos el control sobre nuestra vida y todo lo que se necesita para ponernos en acción y alcanzar el éxito!

También hay personas en «modo espera» porque no se sienten merecedoras de éxito. Sin embargo, el éxito les pertenece, ¡aduéñense de él! Es tiempo de que abandonemos las excusas, de que dejemos de posponer y nos pongamos en acción. No esperemos que cambie la política económica, que mejore el clima, que nuestro hijo se licencie o que nuestra pareja nos apruebe, ¡actuemos! No importa si cometemos errores, no importa si solamente podemos dar pasos pequeños; mandemos ese mensaje, hagamos esa llamada, llamemos a esa puerta, ¡movámonos! Solo de ese modo avanzaremos hacia nuestras metas.

5. RESOLVAMOS RÁPIDO LOS PROBLEMAS

Cuando dejemos de lado las excusas y comencemos a manejarnos en «modo acción» estaremos resolviendo problemas. Los iremos resolviendo mientras caminamos. Frente a la adversidad, no nos preguntemos: «¿Por qué me pasa esto a mí?», «¿Por qué tengo que vivir con esto?», porque cada vez que preguntemos por qué no logramos resolver los problemas, nos detendremos. Cuando se presente una dificultad, no nos desanimemos; es solo un problema que hay que resolver para avanzar hacia la conquista de lo que anhelamos.

¿Cómo nos damos cuenta de que nuestro hijo es inteligente? ¿Por lo que dice?, ¿por lo que opina? No; la inteligencia de un hijo se ve en lo que hace, en su forma de vivir. La inteligencia se mide por las acciones que realizamos. Por eso, para ser inteligentes tenemos que actuar.

La única manera de pasar a un nuevo nivel en nuestra vida es resolviendo rápidamente los problemas que se vayan presentando, dejando de lado las excusas; si damos muchas vueltas, aparece lo que se llama «fuga de energía». Cuando pensamos todo el día: «¿Por qué me tocó vivir esto?», «¿Por qué las cosas son siempre tan difíciles para mí?», perdemos fuerza, y otro puede adelantarse, ganarnos de mano, y conquistar lo que podríamos haber conquistado nosotros.

Empecemos a liderar nuestra vida, no nos centremos en lo que no tenemos, en lo que no sabemos o en lo que no podemos, sino en todo lo que sí tenemos, sí sabemos y sí podemos, en nuestras fortalezas, en nuestra fuerza interior. Si cada mañana al levantarnos nos centramos en eso, lograremos todo lo que nos propongamos. Cuando somos responsables de nuestro presente y de nuestras acciones, el futuro será mucho más prometedor.

Fortaleza 12

Actuar frente a los problemas nos da fuerza interior para disolver toda la ansiedad

1. ¡BASTA DE MALA SANGRE!

Hace un tiempo, una señora vendió su casa y le robaron el dinero que le habían pagado. Vivía en Canadá desde hacía muchos años y vino a Argentina especialmente para vender la propiedad. Se había realizado un chequeo médico antes de viajar y estaba bien. Pero por el disgusto del robo no pudo comer durante varias semanas, lloraba y estaba muy angustiada. Cuando regresó a Canadá, se le descubrió un cáncer con metástasis. Al mes murió. Esta mujer llegó sana, pero tuvo un impacto emocional violento y se le despertó una enfermedad que acabó con su vida.

Uno de los más altos directivos de una empresa, que llevaba décadas trabajando allí, enfermó de cáncer. ¿Cuándo? Cuando le dijeron que lo iban a despedir después de trabajar cuarenta años en esa empresa. De pronto, de un día para el otro, sintió la amenaza de perderlo todo. Finalmente no lo despidieron, pero la impresión le generó una enfermedad y hoy está bajo tratamiento.

Me contaba un amigo cardiólogo que, por lo general, en las finales de los mundiales de fútbol siempre aumentan los infartos entre la gente de los dos países que se enfrentan. Se suele decir que esos partidos, por la tensión que provocan, son «de infarto». Y en algunos casos, es una triste realidad. Supongamos que hay un promedio de veinte infartos por mes en esos países; el día de la final es probable que sean muchos más.

¿Qué indica esto? ¿Que las emociones pueden generar enfermedades? No, porque las enfermedades obedecen a muchas causas, no solamente a una. No podemos decir: «Se preocupó demasiado y por esa razón enfermó de cáncer.» Las enfermedades obedecen a muchos factores, pero las emociones afectan directamente nuestro sistema defensivo o inmunológico, lo cual es bien sabido. Si yo soy muy explosivo, eso me afectará la presión arterial y disminuirá mi sistema inmunológico, que es lo que me ayuda a prevenir y destruir virus, bacterias, células tumorales y todo lo que pueda dañar al organismo.

Una emoción negativa, por sí sola, no dispara una enfermedad, pero sí puede disminuir la efectividad del sistema defensivo; entonces sí, junto a otros factores, las enfermedades pueden eclosionar. En cambio, las emociones positivas, como reírse, divertirse, cantar, gritar, festejar, etc., fortalecen el sistema inmunológico y nos permiten presentar batalla. Por eso, ¡no nos hagamos mala sangre!

2. MI ESCALA INTERNA

Todos tenemos una escala interna de preocupaciones, lo sepamos o no. Tenemos una especie de tabla interna que determina cuánto nos preocupamos por cada cosa. En una escala de 1 a 10, si el trabajo es prioridad para una persona, se preocupa 5. Si se separa de su esposa, se preocupa unos puntos más. Algunos se preocupan más por una cosa y otros, por otra. La tabla varía de persona a persona. Por eso, a una persona la amenazan con quitarle el trabajo y se le dispara una enfermedad grave. En cambio, otra persona pierde el trabajo y no le sucede nada. ¿Por qué? Porque para unos, en su escala interna, perder el trabajo equivale a 10 puntos; mientras que para otros perder el trabajo equivale solamente a 2. Para alguien, separarse puede significar una preocupación de 9, mientras que otros piensan: «Fue solo una etapa de mi vida, todo debe continuar...»

Todos tenemos esa escala, pero ¿cómo la establecemos? Por nuestra educación y el significado que las cosas tienen para nosotros. La señora de Canadá a la que le robaron el dinero perdió la vida. ¿Para qué quería ella el dinero? Para comprarse una casa en Canadá. En la cultura argentina, como en la española, la casa propia tiene un valor muy elevado. «Hay que tener casa propia», nos dicen. Canadá es uno de los países donde más se alquilan inmuebles. Es raro que allí alguna persona tenga un problema emocional por ser inquilina; en esa cultura es normal. Pero en nuestra cultura, tener techo propio es todo un logro. Lo que le sucedió a esa mujer no fue simplemente por el robo, sino porque el sueño de terminar de pagar su casa canadiense se frustró.

La cultura y la familia influyen grandemente a la hora de establecer nuestra escala de preocupaciones. Al directivo de nuestro ejemplo, ¿por qué se le disparó la enfermedad? Porque tener un buen trabajo en nuestra cultura significa tener prestigio. Una persona que tiene cuarenta años en un puesto importante debe de ser muy capaz y haber podido crecer económicamente. Entonces debería tener la capacidad también para decir: «Me voy a otra empresa.» ¿Qué era lo que en realidad él estaba perdiendo? ¿El trabajo? No; la emoción asociada al trabajo: «Yo tengo, yo soy.» Cuando establecemos nuestra escala, lo hacemos por lo que simboliza cada preocupación. Puede simbolizar prestigio, porque se nos inculcó que la casa y el trabajo son importantes.

Hay personas a las que les rayan el coche y se enferman. ¿Por qué? Porque el vehículo para muchos varones significa seguridad emocional, potencia, masculinidad. En cambio, por lo general las mujeres pueden abollarlo o rayarlo y no se preocupan de la misma manera. Si están aparcando y chocan con el coche de atrás, no sufren el mismo impacto emocional que los hombres. La mujer decide llevar el coche al taller y punto. Para el hombre es como una herida en carne propia.

Es por ello que necesitamos establecer la tabla de preocupaciones antes de que nos suceda algo, es decir, *a priori*. El problema de mucha gente que pierde el trabajo, el coche, una relación o la salud, es que intenta organizar la tabla de preocupaciones después de la pérdida. Lo aconsejable es hacerlo antes de que sobrevenga la crisis.

3. LA VIDA POR SOBRE TODAS LAS COSAS

Cuando una persona fallece, todos solemos decir en el velatorio: «No hay que preocuparse por nada.» Pero eso no es verdad. No se trata de no preocuparse por nada, sino de saber cuánto tenemos que preocuparnos por cada cosa. El hecho es administrar cuánta emoción le voy a poner a las distintas situaciones de mi vida. Cuántos puntos de preocupación y de emoción le voy a poner a tener pareja, a no tener pareja, a una separación, etc. La vida es mucho más que la ropa y la comida. Es decir, nada tiene que estar por encima de la vida. A la señora de Canadá le robaron el dinero y falleció, ¿sirvió de algo su preocupación? Ya no tiene nada. El ejecutivo tenía miedo de perder el trabajo y enfermó. Otra persona vio un partido de fútbol y tuvo un infarto. La vida siempre debe estar por encima de todo, y tenemos que mantenerla para ver crecer a nuestros hijos y servir a otros.

> Al final, lo que importa no son los años de vida, sino la vida de los años.
>
> Abraham Lincoln

No importa lo que nos pase, cuidemos nuestra vida porque es más que comer, vestirse, separarse, perder un trabajo. La vida es lo más importante, es nuestro vehículo para hacer cosas grandes.

Organicemos la tabla y decidamos cuánto nos vamos a preocupar, cuánto vamos a poner de preocupación en la casa propia, en el coche, en el trabajo, en la familia, etc. Es fundamental establecerla antes para no llegar al extremo de perder la salud, incluso la vida. Todos conocemos a alguien que ha enfermado por no poder manejar la preocupación. Y tal vez le aconsejaron: «¡Pero no te hagas problema, no es tan grave! Tienes a tus hijos y esto y aquello.» Pero no sirvió. ¿Por qué? Porque la tabla hay que establecerla antes.

Todos tenemos necesidades, todos queremos saber qué comeremos y qué vestiremos, qué pasará con el país, con la bolsa, con el mercado inmobiliario, y muchas cuestiones más. Pero la vida es mucho más que todo eso. Centrémonos en aquello que es verdaderamente importante.

4. PREOCUPACIÓN = ANSIEDAD

Si una persona tiene problemas con sus hijos o su pareja, si tiene un familiar enfermo, si se lleva mal con sus padres, está endeudada o tiene miedo de perder el trabajo, se preocupa. Lo primero que surge ante un acontecimiento difícil es una preocupación. ¿Qué es una preocupación? Es la idea de un problema que dispara la ansiedad. Esta nos da fuerza para buscar una solución. Cuando tenemos un problema económico, de salud, con los hijos o de cualquier otra clase, generalmente se dispara la ansiedad. ¿Por qué? Porque aparece una idea de la cual ocuparnos, y la ansiedad es la fuerza que nos empuja a resolver ese problema o esa preocupación. Supongamos que tenemos una preocupación, un problema que resolver. Sentimos la ansiedad normal que nos impulsa a hacer algo e intentamos resolverlo: buscamos trabajo, hablamos con nuestra pareja o consultamos al médico. Pero cuando esa ansiedad no sirve para resolver la preocupación, se puede transformar en «ansiedad patológica» o angustia. ¿Alguna vez habéis tenido angustia? La angustia es ansiedad patológica.

> Las amenazas a nuestra autoestima o la idea que nos hacemos de nosotros mismos causan con frecuencia mucha más ansiedad que las amenazas a nuestra integridad física.
>
> **Sigmund Freud**

Eso significa que cuando tenemos un problema y no podemos resolverlo, la ansiedad normal deja de serlo, pues se convierte en angustia, en ansiedad patológica o, como dicen los psiquiatras, en un «trastorno de ansiedad generalizado». Cuando una persona está angustiada suele dolerle el pecho, tener contracturas, no descansa bien de noche, está hipervigilante, intranquila, lo cual es una señal (síntoma) de que

Actuar frente a los problemas nos da fuerza interior...

tiene un problema que no puede resolver. Esa persona se ha quedado estancada. Pueden pasar meses, incluso años, y esa ansiedad patológica o angustia por no resolver los problemas produce todo tipo de afecciones, conocidas como «trastornos de ansiedad».

Imaginemos, por ejemplo, que un joven tiene que rendir un examen en la universidad y, cuando llega a la sala del examen, se entera de que su profesor está ausente y lo va a examinar un profesor famoso por suspender a los alumnos. Entonces se le dispara la ansiedad y pasa a tener un problema: se pregunta si ese temible profesor lo aprobará o no. Enseguida piensa: «¿Qué hago? ¿No hago el examen o lo hago aunque sea con este profesor?» No sabe qué hacer, su ansiedad es extrema, siente angustia y se le acelera el corazón.

En eso consiste la angustia, la ansiedad patológica. En cambio, si ese mismo joven va al examen y se encuentra con su profesor de siempre, la situación no le generará angustia. ¿Por qué? Porque tiene recursos para enfrentar la situación. Es decir, que si tenemos recursos, la ansiedad será normal; pero si no tenemos recursos, sentiremos angustia.

Por eso hoy vemos tanta gente con trastornos de ansiedad, obsesiones, ataques de pánico, fobias, estrés postraumático; todo eso son trastornos de ansiedad. Supongamos que el lunes vamos al trabajo y nos despiden. Seguramente nos surgirán estas preguntas: ¿qué sucederá de ahora en adelante?, ¿cómo podré pagar todas las facturas? Y muchas otras que no sabemos responder y nos angustian. Pero mientras sentimos esa preocupación extrema, recibimoss una llamada de mamá, que nos regala cien mil dólares. Por cierto, frente a este regalo la angustia desaparece. Alguien nos ha llamado para darnos una buena noticia y ahora tenemos un recurso para enfrentar la situación. Así pues, que nos despidan ya no nos angustia, porque nos han caído cien mil dólares del cielo; es decir, que si tenemos recursos la ansiedad será normal y nos empujará a resolver el problema.

5. ¿POR QUÉ NOS PREOCUPAMOS?

Nos preocupamos porque la cultura nos enseña a preocuparnos. Nos dice que si vivimos preocupados, somos responsables. Parece normal decir: «¿Cómo no voy a estar preocupado por mi trabajo?» La respuesta a esa preocupación es: «¡Qué responsable!» Otros se preocupan demasiado porque creen que es una señal de amor. Hay padres que no duermen en toda la noche pensando en sus hijos, y creen que eso es una señal de amor. Si le preguntan a una madre: «¿Piensas todo el tiempo en tu hija?», y responde que no, alguien dirá: «¡Qué irresponsable!»

> Si tiene remedio, ¿por qué te preocupas? Si no tiene remedio, ¿por qué te preocupas?
>
> Ramiro A. Calle

Algunos viven preocupados porque creen que así van a prevenir algo más grave; otros van al médico y se hacen chequeo tras chequeo por si les llega a aparecer alguna enfermedad que puedan prevenir a tiempo... y viven preocupándose por su salud. ¿Qué deberíamos hacer cuando tenemos problemas?

Las preocupaciones son parte de la vida. Y también es parte de la vida generar ideas para resolverlas. De esta manera, la ansiedad normal nos empujará a la solución y no aparecerá la angustia que nos impide disfrutar de cada día.

A continuación propongo maneras de manejar las preocupaciones sin ansiedad.

• *Priorizar las preocupaciones*

¿Cómo? Anotando específicamente todas nuestras preocupaciones en un papel y luego dándole una puntuación a cada una según sea su orden de importancia. El solo hecho de empezar a priorizar, de tomarse tiempo para hacerlo, ya hace que la ansiedad disminuya. Si yo tengo a mi madre enferma y tengo una deuda, ¿cuál será mi prioridad? ¡Que mi madre se recupere! La deuda será secundaria. Ahora bien, supongamos que ella se cura y sale del hospital, entonces mi problema número dos podría pasar a ser el primero.

Priorizar hace que las cosas pierdan capacidad para enfermarnos. Si yo os pidiera que escribierais todos los problemas, las preocupaciones, que tuvisteis tres semanas atrás, casi no las recordaríais. Es más, si os pidiera que nombrarais todas las preocupaciones de la semana pasada, tampoco recordaríais por qué estuvisteis preocupados, o tal vez os acordaríais solo de algunas cosas. ¿Por qué? Porque la mayoría de las preocupaciones que tuvisteis eran secundarias, no eran importantes, pero igual os amargaron la existencia.

• *Pensar cómo resolver los problemas*

Utilicemos el tiempo no en preocuparnos, sino en resolver los problemas. Dediquemos más tiempo a soluciones, a cómo analizar y resolver lo que nos preocupa. Lo ideal es buscar por lo menos cinco o seis soluciones a un problema. Priorizar y pensar qué podemos hacer. Si llueve, ¿podemos hacer algo al respecto? ¡No!, pero podemos pensar cómo reaccionaremos a la lluvia: si iremos con paraguas o impermeable; si nos quedaremos en casa o saldremos a la calle a pesar de que llueva. Todo el que tiene coche, también tiene un seguro. ¿Eso evita que uno pueda tener un accidente? No, pero el seguro brinda cierta tranquilidad, es una solución; no previene el accidente, pero alivia la preocupación.

Nadie nos garantiza que no tendremos problemas, mas cuando empezamos a pensar en soluciones, sentimos alivio.

Hay gente experta en pensar soluciones. «Tengo esta deuda... Voy a empezar a anotar... Mando mi currículum a tal lugar... Llamo a tal amigo... Voy para allí y después para allá.» Y así empiezan a activarse ideas para resolver las preocupaciones, en lugar de seguir dándole prioridad al problema. ¡Seamos personas de soluciones, no de preocupaciones! Dediquemos una o dos horas diarias a priorizar y pensar cinco o seis posibles soluciones. Anotemos qué es más importante para nosotros, pensemos cinco o seis ideas para todas las preocupaciones que tengamos. De esa manera, descubriremos soluciones que no sabíamos que estaban en nuestro interior.

¿De dónde vienen las soluciones a los problemas? De nuestro interior, de nuestra personalidad. De ahí salen ideas que pueden resolver las preocupaciones. Pero siempre hay que hacer algo, en todo momento; sobre todo, si tenemos que resolver una dificultad grande. Deberíamos intentarlo con todos nuestros recursos. ¡En nuestro interior están las respuestas a todos los problemas!

> Culpar a los demás es no aceptar la responsabilidad de nuestra vida; es distraerse de ella.
>
> **Facundo Cabral**

Si intentamos algo y no funcionó, hagamos algo diferente. Cuanto más ensayemos, más capacidad de resolución tendremos. Los problemas no resueltos indican que usamos siempre la misma herramienta para todo; pero los seres humanos contamos con una caja de herramientas interiores.

Tenemos la capacidad de resolver no solo un problema, sino todas las consecuencias que acarrea una situación negativa. Ser un «resolvedor de problemas» no solo nos libra de las preocupaciones que enferman, sino que además nos hace capaces de liberar la fuerza interior para llegar a la cima.

FORTALEZA 13

Caminar el dolor acompañados nos da fuerza interior para sanarnos estando juntos

1. LAS PÉRDIDAS SON UNA PARTE INEVITABLE DE LA VIDA

Todos, en algún momento, experimentaremos una pérdida, ya sea la muerte de un ser querido, una relación afectiva que llega a su fin o el desempleo. Sin duda, perder un ser amado es una de las vivencias más dolorosas. Por eso, frente al dolor del duelo, es fundamental pedir consuelo. Por lo general, cuando fallece alguien que amamos, pensamos: «Yo podría haber hecho esto», o «No tendría que haber hecho esto otro». En el fondo, lo que uno está pidiendo es consuelo que traiga alivio al dolor. Cuando se pierde a un familiar en un accidente, muchos de los que quedan con vida sienten la «culpa del sobreviviente» (acompañada de ansiedad) y se preguntan: «¿Por qué

> Cuando un ser querido se convierte en recuerdo, la memoria se convierte en un tesoro.
>
> Anónimo

él/ella y no yo?» En cambio, cuando tiene lugar el «duelo anticipatorio» por una enfermedad, existe un proceso de adaptación a las circunstancias.

¿Qué podemos hacer cuando nos encontramos en una situación de dolor profundo? Veamos algunas sugerencias a tener en cuenta:

• *Expresar lo que nos sucede*

Esto es fundamental, pues cuando uno acumula emociones negativas, tarde o temprano las expresará y casi siempre de manera explosiva. En una ocasión me escribió un joven que había perdido a su padre por un accidente cardiovascular. El hombre murió y pasaron unos dos años. De pronto, todas las noches el hijo comenzó a sentir una opresión en el pecho, acompañada de dolor y ahogo, como si se tratara de un ataque de pánico. ¿Qué le ocurría? Ese muchacho no había llorado a su padre ni expresado su tristeza; por esa razón, toda esa emoción salió a la superficie con el tiempo a través de lo que experimentaba cada noche.

Es sumamente terapéutico expresar todas las emociones de dolor profundo sin guardarnos nada, hasta que llegue el momento en que aquel se agote.

• *Admitir que nos sentimos vulnerables*

> Únicamente quienes evitan el amor pueden evitar el dolor del duelo. Lo importante es crecer a través del duelo y seguir permaneciendo vulnerable al amor.
>
> **John Brantner**

El sentimiento es similar a cuando estamos enfermos y nos sentimos débiles. Ante la pérdida de un ser querido, nos sentimos vulnerables y, muchas veces, esa sensación no logramos expresarla. La razón es que no queremos mostrarnos de esa manera. Entonces, la cubrimos con la culpa de «¿por qué hice esto o aquello?». Los reproches dirigidos a uno mismo ocultan el hecho de sentirse vulnerable y ensucian el duelo. La sensación de desamparo que produce toda pérdida suele esconderse detrás de esas culpas.

Dos formas «limpias» de vivir el duelo son honrar a quien partió, tal vez junto a algún familiar, y transformar el dolor en un don para ayudar a otros. La muerte le pone fin a la vida en el «más acá», pero nunca acaba con la relación porque la persona fallecida siempre estará dentro de nosotros. Por eso, lo ideal es pedir consuelo, expresar las emociones y mostrar la vulnerabilidad sin vergüenza.

• *No detenernos en ningún capítulo*
El ser querido que se adelanta en el viaje nos deja un libro que contiene su historia. Los que seguimos vivos no deberíamos detenernos en ningún capítulo. Hay quienes pierden a un ser querido, por ejemplo por suicidio, y consideran ese hecho como el punto final del libro. Para poder hacer el duelo en estos casos necesitamos saber que nadie quiere matarse, lo que uno quiere matar es una situación que lo aqueja. El suicidio es una experiencia dolorosa, profunda, cuyas cicatrices perduran en la vida de los familiares. Con respecto al suicidio hay diversos mitos, por ejemplo, que quien se va a suicidar nunca lo dice, y si lo dice es que no lo va a hacer; o que el suicidio es hereditario. Por el dolor que causa, este tema se ha convertido en tabú.

Los familiares quedan con profunda culpa; muchas veces la angustia de no haber podido darse cuenta hace que comiencen a revisar hacia atrás buscando indicios del porqué de tal decisión, pero hoy sabemos desde la ciencia predecir quién se va a quitar la vida y quién no. En general, el suicida pasa por tres fases:

- Primer nivel: consideración de la posibilidad. La idea de quitarse la vida aparece y desaparece.
- Segundo nivel: ambivalencia. Analiza los pros y los contras. «Si me mato pasaría esto...», «Perderé a mis hijos...».
- Tercer nivel: la decisión tomada.

Es un intento fallido de resolución de problemas. La persona que sufre lo utiliza como un método de resolución de problemas que, en realidad, no resuelve nada. Para ayudarla hay que mostrarle siempre esperanza y posibilidad de resolver, cualquiera que sea la situación. Y, por supuesto, acompañarla para buscar ayuda profunda.

Lo cierto es que ese punto es solo un párrafo de un capítulo de toda la historia, no es la historia completa. Cuando quedamos atascados en alguna parte del libro, o en el punto final, nos perdemos la historia. Leamos todo el libro, sin negar ninguna parte, sea una vivencia buena o mala.

*El dolor no se supera, es parte de nuestra historia,
nos forma y nos transforma.*

No obstante, es posible atravesar el dolor de una pérdida irreparable de tal manera que con el tiempo (y la ayuda adecuada) podamos sentir que somos capaces de continuar nuestra vida y tenemos una razón por la cual vivir.

2. Acompañar al doliente

¿De qué manera las personas cercanas deberían acompañar a alguien que sufre el dolor de una pérdida? Básicamente de tres maneras:

• *Sin brindar explicaciones*

Mucha gente intenta explicar por qué la persona partió. Tal vez por sentirse abrumada ante la muerte (que es universal y nos iguala a todos), o con la mejor intención de ayudar al doliente. Entonces hace uso de frases tales como: «Esto sucedió porque era su destino», o «Seguramente más adelante iba a ser peor». Nada de eso resulta útil. Lo mejor es permanecer al lado del que sufre y decirle: «Estoy aquí para lo que necesites; puedes contar conmigo.» Mencionar algún recuerdo agradable de quien partió es una buena opción, pero en la mayoría de los casos lo más conveniente es guardar silencio.

• *Adaptándose al doliente*

Suele ocurrir que, cuando alguien atraviesa una enfermedad terminal, ya sea en una clínica o en su propia casa, algunos vienen de visita sin llamar antes, o con demasiada frecuencia. También puede existir aquí el deseo genuino de ayudar, pero es uno el que debe adaptarse al doliente, jamás al revés.

• *Siendo consciente de que solo acompaño, no soy el protagonista*

Cuando alguien asiste al velatorio y llora desconsoladamente, quizás expresando más angustia que el doliente, se está alejando de su rol, que consiste en acompañar. En estos casos, uno debe manejar su angustia para ser capaz de estar junto al doliente, quien a su vez necesita superar el «¿por qué?» y pasar al «para qué». Quien acompaña no tiene que atarse al «¿por qué?», sino preguntarse (y preguntar) qué puede hacer para ayudar en ese momento. Esta es una manera de devolver algo del amor que aquel que partió sembró en vida.

Seamos respetuosos del dolor ajeno, ya que el duelo es

un proceso personal que cada uno atraviesa a su manera, generalmente como puede.

3. «NO PUEDO SACÁRMELO/A DE LA CABEZA»

¿Quién no ha tenido alguna vez que superar el dolor de una separación afectiva? Todos, en algún momento, tenemos que sacarnos a alguien de la cabeza, ya sea una pareja, un familiar o un amigo que se convirtió en enemigo. Cuando alguien se instala en nuestra mente en forma de idea obsesiva, perdemos la fuerza, la energía, el rumbo. Literalmente eso nos consume. Una de las grandes dificultades que enfrentan muchos es tener que «desenamorarse» de alguien. ¿Por qué? Porque cuando uno queda «enganchado» con otra persona, se encuentra atrapado en algo de lo que no resulta sencillo salir.

¿Cómo hacer para atravesar el dolor de una relación o para apartarnos de una persona que nos lastimó a nivel emocional?

- *Tener contacto cero*

En primer lugar, es importante no mantener contacto con una persona que queremos erradicar de la cabeza. Contacto cero significa que no recurriré a correos electrónicos, ni mensajes de texto o de WhatsApp, ni ninguna red social, para saber qué es de la vida del otro. Tampoco es aconsejable encontrarnos para tomar algo y charlar (si en verdad pretendemos dejarla en el pasado). La razón es que, mientras nos seguimos viendo, el malestar es retroalimentado y la relación nunca se termina de cerrar. Por supuesto, nos referimos a esa gente complicada que tenemos que dejar de ver porque solo nos causa dolor.

- *Disponer un frente con amigos*

Si en algún ámbito alguna persona nos perturba, o una ex pareja nos molesta, podemos intentar disponer un frente de amigos. A ellos deberíamos decirles: «Necesito que cuando esta persona intente contactarme, vengáis y me salvéis.» O: «Por favor, recordadme que me lastimó y esta relación no me conviene.» De este modo, uno cuenta con apoyo para mantener el contacto cero. No nos referimos con esto a los casos graves de acoso en que se debe recurrir a la vía legal y a la ayuda de un profesional, sino más bien a casos en que deseamos terminar una relación definitivamente para seguir adelante. Es fundamental evitar todo lo que siga dañando nuestras emociones y nuestra psique.

¿Y qué lugar tiene el perdón en estos casos?

Supongamos que tenemos un billete y tomamos un encendedor y le prendemos fuego. Unos instantes después de encenderse, el billete comienza a quemarnos la mano. Llegará un momento en que tendremos que soltarlo para no quemarnos. Eso es el perdón: soltar para no quemarnos.

El perdón es algo que hacemos por nosotros mismos y consiste en «desalojar» un intruso que se metió en nuestra casa, en nuestra mente. El verdadero perdón consiste en desalojar de nuestra mente a la gente equivocada. Perdonar es «cambiar de canal» y dejar de mirar el canal «Rencor», porque hasta que cambiemos de canal no podremos ver lo nuevo.

A muchas personas les cuesta perdonar por miedo a parecer débiles o porque piensan: «Si perdono, esto se va a repetir.»

Una investigación realizada por una universidad privada en Argentina arrojó los siguientes datos: el 85 % de los varones y el 95 % de las mujeres dicen que es importante perdonar. Las mujeres perdonan más que los hombres. El hombre perdona para olvidar y seguir adelante; la mujer perdona para poder ser perdonada.

Cuando una persona nos lastima crea una deuda interior. Perdonar es cancelar esa deuda emocional.

Perdonar no es un acto de debilidad, sino de fuerza, en el que declaramos: «Tú entraste en mi mente y te lo permití; a partir de ahora retomo mi voluntad y te desalojo de allí. Ya no vas a ocupar más mi tiempo y mi energía. Me lastimaste una vez, pero ya no quiero seguir siendo lastimado/a.» Perdonar es no permitir que el pasado vuelva a repetirse en el presente.

A veces alguien rompe con una pareja, o se pelea con alguien, y después de un año esa persona sigue dando vueltas en su cabeza. Allí hay una insatisfacción con la situación actual. Como no me siento feliz en el ahora, mi mente, por contraste, gira alrededor de aquel con quien mantuve una relación o una experiencia. Si tenemos la firme intención de agotar el dolor pero el problema es nuestro presente, validemos el momento actual.

El perdonar también tiene otros beneficios:

– Disminuye la tensión emocional.
– Mejora el estrés.
– Reduce el dolor de espalda y articulaciones.

Además, perdonar nos hace dejar de perder el tiempo y nos aporta una herencia: la paz. Perdonar es desatar a un prisionero, abandonar el resentimiento. Es un cambio interno. Solo los príncipes perdonan. El que perdona siempre gana. Hay que ser valiente para ofrecer perdón y para recibirlo.

Perdonar es proclamar que lo malo del pasado
no arruinará nuestro presente.

Todos merecen el perdón. Como perdonemos, seremos perdonados.

Validar mi presente es aceptarlo tal cual es y buscar el modo de enriquecerlo a diario. Cuando nos concentramos en el hoy, en aprender, crecer y avanzar, la gente que nos lastimó pierde poder sobre nuestra vida. Cuando hallamos satisfacción en el ahora (aunque nuestra situación no sea la ideal), somos capaces de superar el dolor y desarrollar nuestro potencial al máximo. Hagamos que el dolor sea solamente una estación de paso, no un lugar donde nos quedemos a vivir.

FORTALEZA 14

Lo que celebramos nos da fuerza interior para atraer hacia nosotros lo que anhelamos

1. DOLOR VS. SUFRIMIENTO

El 95 % de los sufrimientos que tenemos los seres humanos son inútiles. ¿Por qué? Porque el dolor es normal y universal, pero el sufrimiento es dolor mental que nosotros mismos nos causamos. El dolor es una parte inevitable de la vida; pero el sufrimiento, muchas veces, es ocasionado por nosotros. ¿Por qué sufrimos innecesariamente? Por ideas falsas que necesitamos cambiar. Os invito a analizar algunos casos:

- *Por culpa*

Conocí a una joven que toda su vida sufrió terriblemente porque hizo una fiesta e invitó a su padre, a quien hacía mucho tiempo que no veía porque vivía muy lejos. El hombre bebió alcohol, aunque no podía hacerlo, y falleció. Ella se enteró después de que su padre no podía tomar alcohol y, como resultado, sintió una gran culpa que le duró años. Recuerdo que cuando hablamos le dije: «Tú no tienes la culpa de que tu padre se haya muerto. Él sabía que no podía beber alcohol, que debía cuidar su salud, pero eligió hacer lo que hizo.» Después de esa conversación ella pudo liberarse de la culpa, pero siempre se había considerado culpable por darle alcohol al padre, que había elegido por sí mismo no cuidarse.

• *Por preocupación excesiva*

No deberíamos remar más de lo que reman los demás. Hay personas que le piden a alguien: «No tengo trabajo, ¿me echarías una mano?» Y ese al que le piden se queda toda la noche preocupado y pensando cómo ayudar, mientras el que tiene el problema no hace nada. No nos preocupemos más de lo que los demás se preocupan. No suframos más que los demás.

• *Como tarjeta de presentación*

Muchos padecen un sufrimiento personal y lo suben a Facebook o a Twitter. O necesitan contárselo a todos. Su «dolor» es como su tarjeta de presentación. Ocurre lo mismo con aquello que hacemos para ayudar a los demás. Nuestra mano derecha no tiene que saber lo que hace la izquierda. ¿Qué quiere decir esto? ¡Que no se lo contemos a todo el mundo! No busquemos el placer social del reconocimiento. Si hacemos un esfuerzo por alguien de la familia o por un amigo, ocupémonos del asunto y disfrutémoslo, pero no lo usemos como tarjeta de presentación. No podemos pasar todo un día hablando de lo que nos sucede. Cuando alguien dice: «¿Tienes un minuto?», huyamos porque probablemente durante horas nos contará todo lo que le pasa.

- *Como premio*

Algunos creen que el sufrimiento es meritorio y dicen: «Yo sufrí mucho, a mí me pasaron muchas cosas en la vida.» Sienten que merecen una medalla de guerra, pero el sufrimiento es inútil, no meritorio. Viktor Frankl escribió un libro muy interesante, *El hombre en busca de sentido*. Este autor estuvo en un campo de concentración y vio cómo mataban a toda su familia. Entonces empezó a estudiar acerca de esa temática y llegó a la conclusión de que el hombre en realidad lo que busca no es el placer, sino darle un sentido a las cosas. Y él dijo: «Mi sentido es salir de este lugar y contarle al mundo que descubrí que hay que tener un sentido.» Frankl no se hizo famoso por haber estado en Auschwitz, sino por las ideas positivas que transmitió. Sufrir no merece un premio, sino hacer las cosas bien.

- *Para que otro sea feliz*

Otra idea equivocada es pensar que hay que sacrificarse para que alguien sea feliz. Es decir, que uno tiene que sufrir para que otro sea feliz. Es jugar a ganar-perder, a sufrir (perder) para que a otro le vaya bien (ganar). El problema es que el «ganador» siente culpa porque piensa: «Yo estoy aquí disfrutando y él no.»

La vida es para ser disfrutada, aunque siempre hay una excusa para no estar bien. En el fondo existe la idea de que estamos aquí para sufrir. Nacimos para alcanzar un destino grande y extraordinario. ¿Qué es el destino? Es aquello que vinimos a hacer en este mundo, un buen plan diseñado especialmente, que solo cada uno de nosotros puede cumplir y que no incluye el sufrimiento. Nuestro destino no es sufrimiento, ni maltrato, ni ideas limitantes.

2. El poder de decidir

Porque venimos a alcanzar un destino, los seres humanos tenemos autoridad. ¿Qué es la autoridad? No es dar órdenes, como todo el mundo cree, sino tomar decisiones.

No es el que ordena quien tiene autoridad,
sino el que toma decisiones.

¿Tomamos decisiones? Decidir es tener autoridad. Por ejemplo, si una madre llama a su hijo y le dice: «Hijo, llama a tu padre y avísale que salimos a las once, y dile a tu hermana que por favor esté lista para esa hora», él seguramente le va a dar órdenes a la hermana para que se dé prisa.

Pero este chico que da órdenes no está ejerciendo autoridad; la que ejerció autoridad es la madre que decidió qué debía hacer cada uno. La madre es quien ocupa el lugar del poder. La autoridad consiste en el ejercicio del poder. Tenemos el poder (la capacidad) de decidir, pero recordemos que dar órdenes nunca es ejercer autoridad.

¿Por qué necesitamos decidir? Porque cada vez que decidimos marcamos un camino a seguir. Si yo le digo a un hijo qué hacer, le estoy marcando un rumbo porque sé con claridad hacia dónde estoy yendo. Y, como sé hacia dónde voy, puedo ejercer autoridad. Cuando uno le dice a su hijo: «Primero tienes que estudiar y después puedes ir a jugar», está marcando, decidiendo, mostrando un rumbo, transmitiendo un valor. Le está dando el mensaje que dice que estudiar es más importante que divertirse, que primero tiene que estudiar y después se puede divertir. Cuando uno ve claramente, puede ejercer autoridad (tomar decisiones) y todo resulta más fácil. Cada vez que vamos al médico y nos prescribe una medicación, el profesional ejerce autoridad porque decide qué es lo mejor para sus pacientes. Las decisiones nos brindan tranquilidad.

Los hijos que crecen en una casa donde los padres no toman decisiones, lo hacen con inseguridad, con temor. Pero si nuestros hijos crecen en un hogar donde nosotros decidimos, porque tenemos claro hacia dónde se dirige la familia, ellos crecen siendo personas seguras. Cuando nuestros hijos son pequeños, los padres decidimos qué comen, cómo se visten, cuál es el ritmo de la casa, etc. Los niños pequeños no deciden, simplemente obedecen.

¿Por qué tomamos decisiones sobre nuestros hijos? ¿Por qué ejercemos nuestra autoridad? Para que ellos aprendan a volar, a ser libres. Esa es la diferencia con el autoritario que ejerce maltrato para que el otro no vuele, para que no libere su potencial, para lastimarlo. La autoridad hace posible que liberemos el potencial, que podamos volar y alcancemos nuestro destino.

Imaginemos un niño que comienza a asistir a la escuela. Al principio, los padres le decimos: «Vamos a ver qué tarea tienes que hacer...», incluso podemos hacerla juntos. Luego, a medida que va avanzando y aprendiendo, le seguimos recordando que tiene tarea. Hasta que llega el momento en que ya la hace solo. Vamos tomando menos decisiones a medida que nuestros hijos crecen en responsabilidad.

Cuando ejerzo autoridad, lo hago porque tengo claro hacia dónde voy y porque, además, quiero que las personas sobre quienes la ejerzo crezcan y sean responsables, lo que les permitirá liberar su potencial. Hoy muchos chicos crecen en hogares donde nadie ejerce autoridad. Algunos de estos padres piensan que si la ejercen se-

> **Si no hay responsabilidad, tampoco hay autoridad.**
>
> **Rick Warren**

rán tan autoritarios como lo fueron sus propios padres. Nadie quiere el autoritarismo, que nos maltrata, que nos impide liberar nuestro potencial. Pero autoridad no es autoritarismo, sino ayudar a otros a asumir responsabilidades y a crecer.

¿Qué ocurre cuando los adultos no tomamos decisiones? Hay mucha gente que no decide. Cuando les preguntan: «¿Qué quieres estudiar?», responden: «No sé, voy a ver y después te cuento.» Aquel que tiene un equipo de personas a su cargo y no toma decisiones, tarde o temprano sufrirá las consecuencias. Porque cuando uno no toma decisiones (no ejerce autoridad), da órdenes ambiguas. Entonces el equipo empieza a trabajar y él trabaja mucho, para mostrar: «Miren cómo trabajo; ustedes tienen que tomar mi ejemplo», pero su trabajo no tiene un resultado efectivo porque la autoridad, el objetivo, no son claros.

Un dicho reza: «Si el sonido de la corneta es incierto, nadie irá a la guerra.» Los líderes que no dan indicaciones claras, en el ámbito que sea, por lo general no tienen claro adónde van. Como resultado, se resienten porque la gente que está a su cargo no entiende sus órdenes y hace lo que quiere o puede. Hasta que finalmente todo estalla o se quiebra. Ahí es cuando aparece el autoritarismo.

> Un hombre tiene que escoger. En esto reside su fuerza: en el poder de sus decisiones.
>
> **Paulo Coelho**

Perdamos el miedo de ejercer autoridad y tomemos las mejores decisiones porque tal actitud nos fortalece y facilita el camino para que todo nos salga bien.

3. LA IMPORTANCIA DE LA VISIÓN

La autoridad, o el poder que ejercemos, no es para nosotros, sino para hacer algo con nuestra vida, para lograr algo y dejar una huella. Pero solo cuando uno tiene claro qué quiere puede tomar todas las decisiones que sean necesarias y avanzar. ¿Tenemos claro qué queremos para nuestra vida? ¿Somos capaz de verlo antes de que se haga realidad? ¿Qué tipo de persona queremos ser? ¿Qué tipo de familia queremos formar? ¿Qué tipo de padre o mamá queremos ser? Si no sabemos qué familia nos gustaría formar, no ejerceremos autoridad en esa área. Para que nos vaya bien es fundamental sentarse a determinar qué queremos y qué no queremos en cada una de las áreas de la vida. Si sabemos adónde vamos, podemos decidir y hacerlo bien, y los que están a nuestro lado crecen seguros porque tienen órdenes claras, indicaciones específicas.

¿Cómo deberíamos transmitir a nuestros hijos o a nuestro equipo de trabajo una decisión que se expresa en forma de orden? En algunos ámbitos laborales se usa el temor: «Si no haces esto bien, podemos despedirte.» Pero el que obedece bajo temor lo hace sintiéndose resentido, frustrado, enojado. Y después, en algún momento, pasará factura.

Las órdenes tienen que transmitir motivación. Como líderes que somos, ya sea de nuestra propia vida, nuestro hogar o nuestro trabajo, necesitamos dar indicaciones bajo la visión de la meta a alcanzar. «Este es el sueño, hacia allí nos dirigimos y lo vamos a lograr.» Cuando uno entiende para qué hace lo que hace, el objetivo final, y se lo muestra a la gente, entonces surge la clase de motivación que no decae. Esto mismo ocurre con nuestra propia vida. El autoritario da una orden para inspirar temor; el visionario declara: «Este es el sueño y esto es lo que haré o haremos.» Uno dice: «Este es el castigo»; el otro dice: «Este es el sueño.» Esa es la diferencia, uno recurre al miedo y el otro se centra en la visión.

Nuestra vida está diseñada para que nos vaya bien en todo. De nosotros depende motivarnos para tomar las decisiones correctas e ir hasta el final; es decir, llegar a destino.

4. Algunas ideas prácticas para llegar a destino

Para alcanzar el destino de grandeza que todos tenemos necesitamos poner en práctica algunas técnicas que nos ayudarán a tal fin. Estas son algunas:

- *Cultivar el hábito de elogiar a los demás*

Muchos entran en su lugar de trabajo y lo primero que hacen es quejarse: «El café está frío», «Esta oficina es un desastre». A nadie le gusta que lo critiquen, pero a todos nos gusta que nos elogien. «¡Qué bonita casa tienes!», «Qué bien te ves», «Qué zapatos más chulos tienes». ¿Conocéis a alguien a quien le moleste que lo elogien? Si no tenemos nada para elogiar de los demás es porque no estamos mirándolos bien. Todos tenemos algo que merece un elogio, aunque parezca insignificante.

- *Saber que todo lo que celebramos se fortalece*

Cuando empezamos a caminar de pequeños, no caminábamos de golpe quince calles, solo dábamos unos pasos. ¿Qué hacían mamá y papá? Nos celebraban diciendo: «¡Bravo, muy bien!» Imaginaos que estáis aprendiendo a caminar y os dicen: «¡Vamos, rápido, camina, venga, corre!» No solo no correríais, sino que no os animaríais a seguir ejercitando la marcha. A una criatura se le alaba todo. Todo lo que elogiamos y celebramos se fortalece. Elogiad a vuestra esposa, vuestro marido, hijos, padres, amigos, etc., y vuestra vida será una fortaleza.

• *Ser optimista con respecto al mañana*

Nadie conoce el futuro. Por tanto, tenemos la opción de creer que va a ser mejor que el presente porque vienen cosas grandes. La gente de destino habla de un mañana extraordinario, de que viene algo mejor, aunque esté atravesando un difícil momento. Seamos siempre optimistas hacia el mañana. Los optimistas ven más, esperan más y ganan más.

• *Demostrar efusividad*

Uno puede decir las cosas suavemente o con efusividad. Se hizo un experimento en el que un grupo que seguía un curso tenía que estar con los brazos y las piernas cruzados, mientras que otro grupo tenía que estar con los brazos abiertos y las piernas sin cruzar, es decir, relajados. El segundo grupo aprendió más que el otro y criticó al profesor el 40 % menos. ¿La razón? Cuando uno no es efusivo con su cuerpo, cuando la actitud es cerrada, siempre nivela hacia abajo. Por eso, mostremos apertura y efusividad.

• *Ser servicial*

Mejor que pedir es dar. Muchos viven mirando qué le pueden pedir a los demás: un favor, una ayuda económica, un puesto, etc. Cuando yo era chico venía el médico a casa cuando estaba enfermo. Mi padre le decía: «Doctor, a Bernardo le duele aquí», y cuando terminaba conmigo, mi padre lo acompañaba a la puerta y antes de irse le preguntaba: «Doctor, le hago una preguntita: tengo un dolor aquí, ¿qué puede ser?» Y después llamaba a mi madre. Y por una sola consulta, el doctor nos atendía a todos. Así que no teníamos que ir al consultorio... Esa es gente servicial, un valor que hoy brilla por su ausencia.

El resumen de todo lo dicho es: si creamos una atmósfera de amor en nuestra vida, si aprendemos a celebrar cada detalle de amor, cada paso que damos, lo malo estará obligado a llevarnos a nuestro destino de grandeza, el dolor estará obligado a convertirse en don y la persecución, en premio. No necesitaremos hablar ni ofrecer nada porque vendrán a pedirnos lo que tenemos para dar: fuerzas ilimitadas cuando sabemos celebrar.

FORTALEZA 15

Utilizar nuestros recursos internos nos da fuerza interior para descubrir cosas que ignorábamos tener

1. UNA NECESIDAD DIARIA

Yo soy padre de dos hijas. Esa es mi posición, pero no basta con eso: cada día tengo que ejercer el rol de padre. De igual forma, los seres humanos estamos completos porque se nos ha dado un potencial ilimitado que portamos en nuestro interior. Todo lo que necesitamos ya nos ha sido dado. No obstante, aunque lo sepamos, cada día tenemos que completarnos. Esto significa que posicionalmente estamos completos, pero experiencialmente necesitamos completarnos a diario. ¿Qué quiere decir estar completo? Veamos algunos ejemplos:

Si tenemos un hijo adolescente, sabremos bien que el adolecente es pura emoción. No está completo, pues le falta razón. Por lo general tiene mucha emoción y poca razón. Entonces, como resultado, hace lo que siente. Nuestra tarea como padres es completar a nuestros hijos adolescentes.

¿Qué significa esto? Aportarles reflexión y llevarlos a que ellos mismos puedan descubrir las consecuencias de las decisiones que tomen. Por ejemplo, decirles: «Hijo/a, escúchame, ¿qué consecuencia piensas que tiene esto que hiciste? ¿Y qué va a pasar si sigues haciéndolo?» «No tengo ganas de estudiar», suelen contestar los jóvenes. Una buena respuesta es: «Y si no tienes ganas de estudiar, ¿qué va a pasar?», o «Si no estudias, ¿cómo te ves de aquí a un año?».

Me contó el doctor Kusnetzoff que cuando era adolescente su padre le preguntó: «Hijo, ¿cómo quieres que la gente te llame el día de mañana? ¿Te gustaría que te llamaran "chaval", "Juan Carlos", "tío" o "doctor"?» Y él nunca olvidó lo que su padre hizo: lo ayudó a pensar cómo quería que la gente lo llamara en el futuro. A la emoción hay que agregarle razón.

Hay personas hiperexigentes a las que, como resultado, les cuesta hacer todo. Por ejemplo, si les piden que levanten la mano, piensan: «Tengo que levantar la mano en el instante preciso.» Quien tiene demasiada exigencia consigo mismo está bajo tensión y no puede disfrutar de lo que hace. Necesita abrir un espacio de relajación.

¿Qué le sucede al orgulloso, a quien comúnmente llamamos «fanfarrón»? Le falta reflexión. Por eso cree tener más importancia de la que tiene. A una eminencia le dice cosas como: «No estoy de acuerdo...» La vida muchas veces permite que un aguijón nos traiga dolor para hacernos pensar y reflexionar por qué nos equivocamos.

Una mujer trabajó como empleada de su marido durante un día (porque la empleada estaba enferma), pensando que era una tontería y cualquiera podía hacerlo. Un hombre fue al negocio a comprar algo. Ella le pidió que esperara mientras iba al baño. Cuando volvió, el cliente ya no estaba allí y le había robado el dinero de la caja. La mujer empezó a llorar y a pensar en por qué le había pasado eso. Reflexionó y se dio cuenta de que la tarea no era tan fácil como ella creía.

Cuando tenemos la sensación de que lo podemos todo, nos falta reflexión. En la vida tiene que haber un equilibrio si queremos estar completos.

> La reflexión calmada y tranquila desenreda todos los nudos.
>
> Harold MacMillan

2. TRES CEREBROS

¿Alguna vez nos hemos preguntado por qué a algunas personas les va bien por un tiempo y después, de repente, comienza a irles mal? Algunos empiezan una tarea con entusiasmo y la llevan a cabo durante un tiempo, pero un buen día la abandonan. Para alcanzar el equilibrio que nos lleva al éxito en la vida y mantenernos allí (aunque atravesemos dificultades en algunos momentos) necesitamos saber que todos los seres humanos tenemos tres cerebros que funcionan como uno solo:

• *El cerebro primitivo*

El primero, según los neurocientíficos, es un cerebro primitivo muy antiguo que se llama «reptiliano». Se trata de un cerebro instintivo que evalúa las condiciones de supervivencia. Todo nuestro cuerpo está dirigido por él. Por eso, no pensamos en respirar y no nos preocupamos por la temperatura corporal ni por los latidos del corazón, ya que este cerebro se encarga de todo eso. También evalúa si hay peligro o no. Por ejemplo, si ahora se produjera un terremoto, nadie se detendría a pensar en cómo se produce un terremoto, sino que todos tratarían de escapar. Automáticamente, ante el peligro este cerebro considera dos cosas: pelear o huir. Si peleamos, nos enviará sangre a las manos para que golpeemos al contrincante; si huimos, nos enviará sangre a las piernas para que echemos a correr. El cerebro que maneja la supervivencia no piensa, funciona en automático detectando el peligro. Vamos caminando y de repente presentimos que nos van a atracar. ¿Qué ocurre? Automáticamente nos palpita el corazón y fluye sangre a los miembros: está actuando el cerebro reptiliano de la impulsividad. En la antigüedad, cuando una persona estaba en la selva y veía un animal feroz, necesitaba actuar de inmediato para sobrevivir. Todavía lo necesitamos para pelear o huir ante una amenaza.

- *El cerebro emocional*

Al segundo cerebro lo llaman «límbico». Es un cerebro emocional propio de los mamíferos. Es el asiento de las emociones que se activan automáticamente cuando hay un estímulo. Todas las emociones: ira, tristeza, angustia, etc., aparecen en este cerebro, que es juguetón, busca sentir placer y no piensa en el mañana, sino en el ahora... ¡Solo quiere divertirse!

- *El cerebro racional*

Este se activa después de los dos anteriores y es el racional. Con él, pensamos, analizamos, meditamos, evaluamos. Se lo llama también «corteza prefrontal» y es la parte que analiza todo.

3. ¿JINETE O ELEFANTE?

El cerebro racional y el emocional a veces no se llevan bien; son como un jinete montado en un elefante. ¿Por qué?

Porque el racional dice: «Hay que levantarse para trabajar», y el emocional contesta: «¡Anda ya! Prefiero quedarme descansando.» El cerebro emocional es la pasión, la fuerza. Si estos dos cerebros (el jinete y el elefante) no se ponen de acuerdo, ¿quién gana? El elefante: la emoción. Por eso, toda nuestra vida es emocional. El jinete provee la dirección y el elefante, la fuerza; pero si no tenemos al jinete, no tendremos la capacidad de pensar, de razonar, y viviremos a pura emoción y andaremos sin rumbo.

El niño y el adolescente son puro «elefante» porque su cerebro racional, que no alcanza la madurez hasta los veintiún años, no está totalmente desarrollado. Algunos viven toda su vida sin jinete porque no han desarrollado este cerebro. Pero si se ponen de acuerdo, el jinete y el elefante pueden llevarse muy bien. Cuando el jinete dice: «Vamos para allá» y el elefante va en esa dirección, esa persona es indestructible.

Si no tenemos al «jinete» podríamos ser manipulados. Sin razón, pueden llevarnos a cualquier lado. Es interesante que en la televisión por cable de cien canales hay noventa y siete para el elefante, es decir, para que la gente se divierta y se distraiga. Nuestro desafío, si queremos llegar a seres humanos completos, es que el jinete esté fuerte, así tendremos la capacidad de pensar, de analizar, de darle una dirección al elefante. ¡Necesitamos que nuestro jinete esté sano!

> Se puede tener por compañera a la fantasía, pero se debe tener como guía a la razón.
>
> Samuel Johnson

Si el elefante representa el cerebro emocional, el cocodrilo representa el primitivo, propio de la gente impulsiva. Según los neurocientíficos, todos los mensajes nos llegan al cerebro emocional; hay un circuito que funciona en milésimas de segundos. Pero cuando llega la emoción, los varones la pasan al cocodrilo. Por eso, los varones somos más agresivos que las mujeres y todo lo evaluamos en términos de pelea o huida. Somos los locos o los cobardes.

Mientras que las mujeres, cuando reciben el estímulo, en general lo pasan al elefante y este, al jinete. Eso es así neurobiológicamente; es decir, que los varones sentimos algo y en milésimas de segundos, menos que un parpadeo, ya estamos actuando: peleamos o huimos; mientras que las mujeres están pensando.

Esa es la razón por la que ellas recuerdan más que nosotros. La memoria de las mujeres es asombrosa y mucho más amplia que la de los varones. Está demostrado que las mujeres estudian más que los hombres. ¿Por qué? Porque apenas reciben algo nuevo, lo sienten e inmediatamente lo envían a la razón. Por eso, las mujeres son más responsables que los varones... ¡y hablan mucho más que nosotros!

Una mujer puede tardar horas para decidir qué zapatos comprar. El jinete está un poco indeciso, motivo por el cual ella se pregunta: «¿Compro los negros o los azules?» ¡Y finalmente se lleva los dos pares! Un hombre, en cambio, compra ropa basándose en lo que le dice el cocodrilo, es decir, por impulso. Nosotros vivimos todo por fuera porque nos mueve el instinto de supervivencia que proviene del cerebro instintivo.

Las mujeres sienten más empatía que los varones porque cuando llega el estímulo al elefante, el jinete piensa en cómo se siente el otro: «Ay, qué mal estuvo lo que dije... no debería habérselo dicho.» En cambio, el varón se justifica: «Le pegué porque se lo merecía», o «Me fui porque no tenía otra opción». Nosotros solemos estudiar menos las situaciones. Las mujeres no solo las estudian más, sino que además sienten y recuerdan más.

4. Tres hábitos a cultivar

Nuestra cultura apunta a que no pensemos y funcionemos por puro instinto. Hoy día, alguien cuenta que en tal lugar sucedió tal y cual cosa, y personas instintivas van y le prenden fuego. ¿Por qué? Porque son puro cocodrilo. Lamentablemente, a los niños también se los está educando para ser instintivos.

Cuando un padre o una madre regaña a los hijos y después les pregunta qué hicieron, está siendo instintivo/a. Todos estamos atados al cocodrilo. Muchos se vuelven violentos cuando escriben en las redes sociales porque no se sientan a pensar en cómo expresar sus ideas; es decir, no piensan antes de actuar. Nuestra cultura hace que seamos pura emoción o pura reacción.

> No olvidemos que las pequeñas emociones son las capitanas de nuestras vidas y las obedecemos sin siquiera darnos cuenta.
>
> Vincent Van Gogh

Necesitamos ir detrás de tres cosas para ser seres humanos completos y tener armonía en nuestra vida. El cocodrilo es bueno porque si hay un terremoto, o entra un león, huirá para salvar su vida. Por su parte, lo emocional resulta útil para expresarnos, para tener pasión, para impulsarnos a actuar. Pero también es fundamental que pensemos para darle una dirección de largo alcance a nuestra vida y no vivir solo el ahora. Hay que disfrutar del presente, pero además prepararse para el mañana.

Estas son dos búsquedas que deberíamos realizar cada día para lograr el éxito, vivir en armonía y funcionar con sabiduría:

• *Experiencias para disfrutar*
Para disfrutar de cada experiencia hay que estar relajado. Cuando uno está tranquilo, puede disfrutar de todo: la

comida, los viajes, la familia, la pareja, los hijos, los amigos, el trabajo, el dinero, etc. Necesitamos activar nuestra capacidad de disfrutar y abrir fuentes de alegría para ser completos. Tenemos derecho a disfrutar de la vida.

Hay gente que tiene mucho dinero, todo tipo de bienes materiales, pero no posee el don de disfrutar. Y todo lo que uno no disfruta, en algún momento, termina maldiciéndolo. Por ejemplo, si no disfrutamos del trabajo, pronto empezamos a maldecirlo, es decir, a hablar mal y a quejarnos. Si no disfrutamos de nuestra pareja, un día empezamos a criticarla y allí comienza a generarse emocionalmente una separación. ¿Cuándo aparece la infidelidad? Cuando no somos capaces de disfrutar de la pareja que elegimos. Disfrutemos.

• *Conocimiento para crecer*

En la vida no todo es disfrute. No es posible vivir todo el tiempo viajando o pasándolo bien. Necesitamos tener un equilibrio, por eso siempre deberíamos buscar aprender para crecer hasta el último día de nuestra vida. El conocimiento o la revelación es el secreto del crecimiento, ya que nos permite reflexionar; es lo que nos permite solucionar un problema con facilidad.

Pensar no es reflexionar, sino hacer un análisis superficial. Reflexionar es analizar algo con detenimiento. La mujer que, queriendo ayudar al marido, hizo posible un robo, debería reflexionar, lo cual no pasa por culpar al ladrón, al país, etc., sino por preguntarse: «¿En qué me equivoqué?», «¿Por qué me pasó lo que me pasó?» y «¿Qué tendría que corregir para el futuro?». Echarle la culpa a otro nunca nos lleva a aprender para crecer.

Muchos hombres van a jugar al fútbol. Y allí están ellos con botas de primera, pantalones cortos, medias y camisetas. Así creen que son como los profesionales. Pero el que haya jugado con un verdadero profesional sabe que un *amateur* no puede competir con él. Esa es nuestra actitud en la vida muchas veces, por eso tenemos que crecer de una vez por todas.

5. NUESTRO YO OBSERVADOR

Imaginemos un tablero de ajedrez en el que hay piezas blancas y piezas negras. Ahora supongamos que las blancas simbolizan los pensamientos positivos y las negras, los negativos. ¿Quiénes somos nosotros? Ni las piezas blancas ni las negras; ¡nosotros somos el tablero! El tablero es nuestro yo observador, que contiene pensamientos positivos y negativos. A veces ganan las blancas; otras veces, las negras; ¡pero nosotros somos *más de lo que* pensamos!

Cuando sufrimos maltrato, abuso, robos o crisis graves, nuestras emociones y pensamientos resultan muy dañados. Es cuando deberíamos recordar que somos más que esos pensamientos. Nuestro yo profundo o yo observador tiene la capacidad de «observar» lo que pensamos y decir: «Estoy teniendo este pensamiento.» Por ejemplo, una casa tiene muebles bonitos y muebles feos, pero los muebles (pensamientos) no son la casa. La casa «contiene» muebles (pensamientos) de todo tipo, pero estos no son la casa. Del mismo modo, nosotros somos más que nuestros pensamientos.

Suecia posee los más altos estándares de vida del mundo: mejor trabajo, atención médica gratuita, excelente calidad educacional, vacaciones más extensas, licencias por maternidad pagadas, menos estrés laboral. Sin embargo, es uno de los países que registran las tasas más altas de suicidio del mundo. La explicación es que el cuerpo busca placer, cosas agradables a los sentidos, pero nuestro ser profundo busca experiencia; por eso, cuando vivimos en la superficie, por muchos placeres y comodidades que tengamos a nuestro alcance, siempre estaremos vacíos. Los pensamientos son llaves que abren y cierran puertas, pero las llaves no me llevan a mí, ¡yo las llevo a ellas! A continuación sugiero tres hábitos que podéis cultivar para potenciar el yo observador.

• *Cultivar los recuerdos*

Un buen recuerdo nos sostiene en los momentos difíciles, nos ayuda a decirle «no» a lo malo y nos trae alegría en el presente. ¡Seamos generadores de buenos recuerdos! Todos recordamos a esa abuela, ese maestro, ese amigo que nos ha dejado una huella imborrable y motivadora. Siempre es buen momento para tenerlos presentes y generar recuerdos positivos en nosotros y en otros.

No vamos a llevarnos nada de esta tierra salvo los recuerdos y experiencias que hayamos vivido. La gente feliz compra más experiencias que objetos porque, si bien estos son necesarios, no duran por siempre. Un buen recuerdo, en cambio, dura toda la vida.

La felicidad no se encuentra, se crea.
Por eso, seremos tan felices como nos propongamos serlo.

• *Ser agradecido*

Cuando agradecemos lo que tenemos, atraemos lo que nos falta, ya que ponemos el foco en lo que sí tenemos.

Hay un ejercicio en terapia breve que consiste en responder cada noche estas tres preguntas:

– ¿Qué pequeña cosa he hecho para alguien hoy?
– ¿Qué pequeña cosa ha hecho alguien para *mí*?
– ¿Qué pequeña cosa he hecho yo para *mí mismo*?

• *Ser solidario*

La gente que ayuda a los demás se fortalece y tiene más paz. En el pasado, cuando alguien nos lastimó, fuimos agentes *pasivos* de ese dolor. Pero cuando en nuestro presente decidimos hacer algo bueno por otros, somos *activos*. Y cuando somos *activos* en nuestro hoy, algo que sufrimos pasivamente en el ayer se sana. Por esa razón, la gente solidaria es más feliz. Busquemos ahora a alguien y seamos de ayuda. El pasado fue construido, hubo gente que intervino, pero el futuro lo construimos nosotros.

La construcción de ese futuro necesita de la fuerza interior guardada para alcanzar la felicidad, el bienestar, la salud y la paz que todos necesitamos cada día.

Fortaleza 16

Construir intimidad nos da fuerza interior, porque fortaleza interna equivale a victoria externa

1. El miedo a la intimidad

Todos los seres humanos tenemos una medida de espacio emocional, una especie de «zona emocional». Entonces, cuando alguien invade esa zona, sentimos que nos está asfixiando. Por ejemplo, recibir visitas en casa durante un tiempo prudencial es placentero y nos hace sentir bien, pero si pasan las horas, llega la noche y esas personas siguen en nuestro hogar, comenzaremos a sentir que nos están invadiendo.

La intimidad emocional es una necesidad que todos compartimos porque fuimos creados para abrirle nuestro corazón a alguien, y para que de igual manera alguien abra su corazón hacia nosotros. Me atrevería a decir que la intimidad emocional es una de las dos necesidades humanas más importantes junto con la estima. Aun así, no es fácil abrir nuestro corazón y mostrarnos tal cual somos. ¿Por qué? Porque muchas veces somos lastimados, incomprendidos o juzgados. Es así que muchos levantan un muro para la intimidad emocional y se alejan de la gente. Hay personas que cambian de pareja constantemente. La razón es que no logran tener intimidad con el otro, puesto que confunden relación sexual con intimidad emocional.

Hay personas que, cuando empiezan a abrir su corazón a otro, se asustan y rompen la pareja, porque la cultura actual no valora la intimidad emocional. Aquel que necesita estar permanentemente con otros en realidad no puede estar solo. Es alguien extremadamente sociable, cuya casa se asemeja a un hotel porque siempre está llena de gente. Estar solo implica mirar hacia dentro y abrir el corazón; quien no se atreve, se evade saliendo con amigos y rodeándose de gente.

Hay parejas que se pelean y se separan, pues cuando se unen se sienten asfixiados. Pero al separarse se sienten abandonados. Entonces se vuelven a unir y funcionan bien un tiempo, hasta que dicen: «Hasta aquí llegué, quiero seguir solo.» Funcionan como un bandoneón.

Algunas personas buscan parejas con las que nunca van a tener intimidad, por ejemplo, un maltratador o una persona con graves problemas psicológicos. Otras personas no tienen pareja y se marcan un ideal casi inalcanzable: «Quiero al hombre perfecto...» En el fondo, sienten miedo a la intimidad. En la actualidad, mucha gente que tiene problemas con la intimidad busca adormecerse en las adicciones para no sentirse mal. Por falta de intimidad, en ocasiones aparece la infidelidad.

La infidelidad es una consecuencia, no es una causa; es la consecuencia de que la pareja perdió la intimidad. Una autora estadounidense propone una metáfora extraordinaria sobre la infidelidad. Dice que una pareja mira al mundo fuera de su relación a través de una ventana compartida.

Cuando esa ventana, que es la intimidad, está cerrada, alrededor de la pareja se levantan muros, límites para que no entre un tercero. Pero cuando esa ventana se abre, daña el «sistema de seguridad» de la pareja y, al mismo tiempo que permite la entrada de un tercero, levanta una pared secreta entre los miembros de la pareja. Así surge la infidelidad.

2. EL ORIGEN DEL MIEDO

¿De dónde nos viene el miedo a la intimidad? De la fantasía que nos dice que vamos a perder la libertad y a ser asfixiados (la contraparte es el miedo a alejarse y ser abandonados). Es el mito de la mujer araña que dice: «Si le abro mi corazón a él/ella, me va a terminar atrapando.»

Hoy en día muchos jóvenes declaran: «Yo quiero disfrutar de la vida, quiero ser feliz», considerando que después de comprometerse uno dejará de disfrutar. ¿Qué nos pasa cuando perdemos la intimidad? Estamos con el otro y no lo conocemos. Actualmente el problema entre los jóvenes no es el miedo a lo sexual, sino a la intimidad. A veces, el miedo viene por el hecho de que no vimos a nuestros padres tener intimidad ni comportarse cariñosamente. Tal vez los vimos trabajar, o cuidarnos, pero no los vimos llorar o compartir sus emociones juntos. Algunas personas piensan que hacer ciertas cosas juntos es intimidad, por ejemplo, ir al cine o al teatro. Eso no es intimidad. Tener intimidad es abrir nuestro corazón y contar lo que hay allí.

Muchas veces puede ocurrir que nos quedamos con un mapa del otro como era antes. En una ocasión estaba con una pareja y él me comentó:

—El Día del Padre yo quería un desayuno en la cama.

Entonces la mujer le respondió:

—Pero yo te hago el desayuno todos los días.

—Sí, pero yo no quería el desayuno de todos los días, yo quería el del Día del Padre.

—¿Cómo que no querías el de todos los días? Cuando nos casamos me dijiste que querías que te preparara el desayuno todos los días.

—Sí, pero nos casamos hace veinte años...

¿Qué ocurrió allí? Ella se quedó con la imagen de él de hace veinte años. Pero uno va cambiando con el tiempo y, si no nos actualizamos permanentemente, llega el momento en que seremos dos desconocidos. La intimidad no llega sola, hay que generarla.

3. NIVELES DE INTIMIDAD

La intimidad puede tener lugar en tres niveles. A saber:

Primer nivel: la opinión

¿Nos gusta opinar? En la actualidad, uno sube a Facebook, o a cualquier otra red social, una frase interesante, pregunta qué opina la gente y puede llegar a tener cientos de comentarios. De hecho, a los argentinos nos encanta opinar, al punto de que pareciera ser un deporte nacional. Los argentinos opinamos de todo y de todos y nos enfadamos si no nos dejan opinar. Por eso, tenemos tantos bares donde nos sentamos a tomar algo y opinar: «Yo opino tal cosa de tal tema. ¿Tú qué opinas?»

Esta costumbre la trajimos de España. En España podemos ver a todo el mundo en el bar opinando, y nosotros recibimos esa herencia. En la televisión algunos se agreden porque uno opina tal cosa y el otro opina lo contrario. Nos encanta discutir sobre opiniones diferentes, pero, en realidad, no vale la pena hacerlo, porque las opiniones son cambiantes. En la mayoría de las personas, las opiniones políticas o religiosas van cambiando con el tiempo.

Segundo nivel: los sueños

Es un poco más profundo y consiste en contar nuestros sueños, nuestras esperanzas, hacia dónde va nuestra vida, qué queremos lograr, qué proyectos tenemos, etc. Nuestra vida siempre va en la dirección de nuestros sueños, por eso se trata de una clase de intimidad más profunda porque estamos compartiendo con alguien hacia dónde queremos dirigirnos. ¿Somos unos soñadores?

Tercer nivel: las emociones

Es el nivel más profundo porque significa contar, o compartir, nuestras emociones. Esto incluye nuestros miedos, alegrías, frustraciones, ansiedades, inseguridades o seguridades, etc. Hablar no es solamente llorar con el otro, sino ser capaz de compartir y sentir que esa persona no va a juzgarnos. Cuando llegamos a ese nivel, es cuando realmente tiene lugar la intimidad.

Muchos se cierran a la intimidad. Pero cuando podemos contarle a alguien nuestros miedos, sueños, opiniones, frustraciones, etc., nos sentimos plenos. ¿Por qué? Porque fuimos diseñados de tal manera que necesitamos sincerarnos con respecto a lo que sentimos. Por eso, el hecho de que alguien nos abra su corazón nos hace tanto bien.

4. CERO INTIMIDAD

La falta de intimidad emocional trae como consecuencia un «yo abollado». Y un yo dañado precisa de una armadura. Una armadura, como la que usaban los hombres que iban a la guerra en el pasado, es todo aquello que usamos para defendernos, para evitar el sufrimiento. La mayoría de las veces nos ponemos armaduras por traumas que sufrimos y nos hirieron profundamente.

Hay quienes se colocan la armadura de la frialdad. Son esas personas distantes que siempre están enojadas, son toscas y tratan mal a los demás antes de que las maltraten a ellas y vuelvan a lastimarlas. Hay quienes se colocan la armadura contraria. Como el violento que se pone la armadura de «premio Nobel de la Paz». Los maltratadores, por lo general, parecen personas sumisas e indefensas, pero «cuando la limosna es grande, hasta el santo desconfía».

También algunos se colocan armaduras porque no saben quiénes son. Cuando éramos chicos, vivíamos jugando a ser otro. Eso es una conducta infantil. Yo jugaba a ser el libertador san Martín. Entonces tomaba un palo de escoba, cruzaba en cuatro pasos el patio de mi casa y decía: «San Martín cruzó los Andes.» En esa época veía Batman y me subía a la escalera del patio; me tiré dos veces de la escalera al grito de: «¡Batman, Batman!»... y me abrí la cabeza. Eso es común en los chicos y es normal (jugar, no tirarse por la escalera). Cuando uno es mayor e imita a otra persona, toma las cosas buenas y eso está bien. Pero cuando uno fotocopia a otro y se mimetiza en otro es porque carece de personalidad, lo cual también es una armadura, o una máscara.

¿Cuál es la mejor armadura? La autenticidad: ser quienes somos en casa y fuera, en privado y en público. Cuando somos quienes en verdad somos a toda hora y en todo lugar, portamos la armadura correcta para vencer a cualquier enemigo que pretenda atacarnos. Nuestro yo está sano y podemos intimar con los demás libremente a nivel emocional.

Un yo dañado, además de precisar una armadura, ataca a los demás. A todos nos duele cuando nos insultan, o cuando nos atribuyen una habladuría; pero, cuando uno ataca al que insulta, o al que chismorrea, es porque tiene el yo abollado. Por ejemplo, si a mí me dicen: «Bernardo, dicen que eres un mentiroso», me va a doler, pero a las dos horas se me pasa. Ahora bien, si yo respondo: «Ah, ¿eso dijo mi amigo Pedro de mí? No lo saludo más, le mando un mail, un tuit, un mensaje de Facebook, una paloma mensajera, un dron... pero no le hablo más, no quiero saber nada más de él», y efectivamente desaparezco de su vida, mi actitud no se debe a que él me agredió, sino a que mi estima está abollada. Cuando uno está abollado, todo le duele el doble.

Otra posible reacción es que a uno le digan algo y lea otro mensaje. Por ejemplo, el marido le dice a la mujer que la camisa no está planchada. Ella interpreta: «¿Ya no me deseas.» Ese es el yo abollado.

He aquí una lista de lo que puede leerse en los mensajes de la pareja:

- Cuando la mujer dice «sí», quiere decir «no».
- Cuando la mujer dice «puede ser», quiere decir «no».
- Cuando la mujer dice «es tu decisión», quiere decir «ya verás lo que te espera».
- Cuando la mujer dice «hagamos lo que quieres», quiere decir «me las pagarás».
- Cuando la mujer dice «tenemos que hablar», quiere decir «tengo que hablar yo tres horas».
- Cuando la mujer dice «no es nada», quiere decir «deberías haberte dado cuenta hace horas de lo grave que es».
- Cuando la mujer pregunta «¿me quieres?», quiere decir «hice algo que no te va a gustar».

- Cuando la mujer anuncia «estoy lista en un minuto», quiere decir «estaré lista en siete horas».
- Cuando el varón dice «tengo hambre», quiere decir «tengo hambre».
- Cuando el varón dice «tengo sueño», quiere decir «tengo sueño».
- Cuando el varón dice «estoy cansado», quiere decir «estoy cansado».
- Cuando el varón dice «¿quieres ir al cine?», quiere decir «quiero sexo».
- Cuando el varón dice «¿bailas?», quiere decir «quiero sexo».
- Cuando el varón dice «¿quieres tomar un café?, quiere decir «quiero sexo».
- Cuando el varón dice «¡hola!, ¿qué tal?», quiere decir «quiero sexo».

Quien tiene el yo abollado interpreta a su manera. Pero tenemos que manejarnos por lo que escuchamos. Si nos dicen algo, tomémoslo literalmente, no busquemos un segundo mensaje dentro del mensaje. Eso sería señal de que nuestro interior no está sano y estamos buscando mensajes secretos.

Todos necesitamos, como ya dijimos, abrirle nuestro corazón a alguien y que alguien nos abra su corazón; es decir, sentir que conectamos. Eso se llama compromiso, darse a conocer y conocer al otro, relación afectiva, vínculo profundo, amor. Todos necesitamos intimar. Al hacerlo nos potenciamos, somos equipo y como tal nos sentimos más queridos, más involucrados, más comprometidos y más respetados. Intimar con el otro de una manera sana, «sin invadir», nos permitirá potenciar nuestras fortalezas y generar una nueva y más sólida fuerza interior.

FORTALEZA 17

Utilizar el proceso «de arriba hacia abajo y de adentro hacia fuera» nos da fuerza interior para sanarnos

1. ¿POR QUÉ ENFERMAMOS?

Es sorprendente la cantidad de gente que sufre de diversas enfermedades que son producto de la mala alimentación, la falta de ejercicio, el estrés, etc. Cuando enfermamos necesitamos sellar una alianza, pero no cualquier alianza.

Los seres humanos podemos tener tres partes en nosotros: una parte enferma, una parte sana y un «yo profundo». Para curarnos de alguna enfermedad, nuestro yo profundo tiene que aliarse con la parte sana. De esa manera, logramos curar la parte enferma.

Cuando el «yo» se alía con la parte enferma, como sucede en muchos casos, la parte sana se contagia. Una persona que tiene un órgano enfermo y se alía desde su «yo» con su parte enferma, sin duda enfermará más. Pero ¿qué quiere decir aliarse con la parte enferma? Puede significar varias cosas:

• *Ponerse en el papel de víctima*

El que se victimiza adopta una posición de autocompasión y dice cosas como: «Ay, qué duro, ¡qué terrible lo que me pasa!» Esa actitud, aunque la persona no se dé cuenta, está potenciando la enfermedad. Cuando de niños enfermábamos, mamá y papá nos traían un juguete de regalo. Esta es la razón por la cual algunos adultos tienen la idea de que si se enferman, alguien les va a «dar un regalo», es decir, se ponen en el papel de víctimas para lograr algo de alguien.

• *Resignarse*

Aquel que se resigna a una enfermedad deja de hacer lo que hacía antes. Deja de trabajar, de divertirse, de salir; en otras palabras, abandona todo lo que le resulta placentero y le hace bien, sin darse cuenta de que solo logra enfermarse aún más. La resignación tiene que ver con sentirse impotente.

• *Sentirse culpable*

«Esto me pasó porque algo malo debo de haber hecho», piensa quien siente culpa. Y nunca falta alguien que sentencia: «Estás enfermo/a porque algo habrás hecho mal», echando leña al fuego. Sin embargo, necesitamos tener claro que la enfermedad no es un castigo. Pensar así solo nos enferma más.

Cuando nuestro «yo» hace alianza con nuestra parte enferma, ya sea victimizándonos, resignándonos o culpándonos por lo sucedido, terminamos enfermando aún más. Nuestro yo profundo tiene que hacer alianza con la parte sana que hay en nosotros para que nuestro ser en su totalidad pueda presentar batalla a la enfermedad y sanarnos.

Los que acompañamos a alguien que ha perdido la salud

—porque se ha aliado con su parte enferma—, no deberíamos explicar ni ponernos a filosofar sobre la razón de su enfermedad. Y mucho menos deberíamos demostrar lástima por esa persona. En lugar de eso, podemos simplemente explicarle al enfermo en palabras sencillas estas cuestiones. Decirle algo como: «Tú no eres solo la enfermedad, eres más que una parte enferma, porque en ti hay una parte sana, y además tienes un ser más profundo, que ahora necesita aliarse con tu parte sana para presentarle batalla a la parte enferma.»

2. ESPERANZA CONTRA ESPERANZA

¿Qué significa presentar batalla a la dolencia? Participar activamente del tratamiento médico, tomar la medicación indicada y seguir el consejo médico. Luchar cada día y, sobre todo, saber que aceptamos el diagnóstico, pero no el pronóstico; es decir, aquello que estamos esperando. El médico da el diagnóstico, pero el pronóstico lo pone el enfermo.

Seamos creyentes en un ser superior o no, frente a una enfermedad necesitamos tener fe. ¿Qué es la fe? Una definición dice que la fe es esperanza contra esperanza. Tener fe es esperar lo mejor, incluso estando en medio de lo peor. Cuando estamos enfermos, aunque nos cueste, siempre deberíamos esperar que suceda algo grande. Y esto vale para todas las áreas de nuestra vida.

Quien tiene fe afirma: «Yo no espero que mi enfermedad no se agrave, sino que espero curarme», «Yo no espero que no me empeoren las finanzas, espero que mejoren», «Yo no espero que mi pareja no se destruya, sino que espero que con el correr de los años cada vez nos llevemos mejor». Aprendamos a hacer esta alianza con nuestra parte sana y próspera, la cual nos conduce a hablar bien de nuestro cuerpo y de nuestra vida.

¿Qué hacer cuando enfermamos? Tratarnos bien. Esto incluye arreglarnos, comprarnos algo que nos guste, comer cosas sanas y ricas, y hacer todo aquello que nos haga bien. Es decir, necesitamos conservar los espacios de placer y felicidad, porque cuando uno se enferma o se estresa suele dejar de hacer las cosas que le brindan satisfacción. Lo ideal es potenciar todo lo que nos ayude a sobrellevar la situación. Tratarnos bien significa, además, que si alguna persona nos trae malestar no deberíamos dudar en alejarnos de ella. Es importante que aprendamos a vaciarnos de relaciones tóxicas.

3. Mente sana, cuerpo sano

Cuando enfermamos, es normal que sintamos miedo a la muerte o a la incapacidad permanente, porque somos humanos. Sin embargo, podemos usar nuestra mente para pintar en ella un mañana pleno, próspero y placentero.

Cada vez que tengamos la oportunidad de hablar con una persona enferma, impartámosle esperanza y enseñémosle a tratarse bien y a dibujar en su mente imágenes en que se encuentre sana, plena y feliz.

La sanidad siempre es *de arriba hacia abajo*, no de abajo hacia arriba. Necesitamos crear un espacio de sanidad en la mente (arriba) para que luego esa sanidad baje al cuerpo (abajo). Por esta razón es esencial que sanemos la mente de todas aquellas cosas que pueden enfermar el cuerpo. Os invito a considerar algunas de estas:

- *El orgullo*

El orgulloso exagera aquello que le sale bien. Si hizo un gol jugando al fútbol con los compañeros de trabajo, dice que fue «igualito a los que hace el mejor jugador del mundo». El orgullo es un sentimiento que nos lleva a creernos más que los demás y que nos puede enfermar. Una persona sin orgullo hace un gol y se alegra, pero no se siente superior a nadie. Tenemos derecho a ponernos contentos por nuestros logros, pero nunca deberíamos sentirnos más que los demás ni compararnos con nadie.

Una persona sana al equivocarse se dice: «Voy a aprender de este error», y sigue adelante. Un soberbio, en cambio, cuando algo le sale mal culpa a los demás: «Es culpa tuya... de él... de ella... del gobierno... del clima...» El orgulloso nunca asume su responsabilidad.

- *El egoísmo*

El egoísmo funciona básicamente de dos maneras. En primer lugar, por la *necesidad*: «No me interesan los demás; quiero que escuches lo que yo necesito.» La persona considera que su necesidad es lo único que importa; no toma en cuenta las necesidades del otro. Y en segundo lugar, por el *sentimiento*: «Yo siento esto ahora... y ahora no siento nada.» Si el egoísta va a un lugar y no lo pasa bien, se molesta aunque todo el mundo disfrute. Lo único que le interesa es lo que él necesita y siente, los otros no existen, porque considera que todo es para sí mismo todo el tiempo.

- *La culpa (proyectada en el otro)*

La persona que manifiesta: «Si te vas al cine y yo me quedo solo/a, sufro», transmite este mensaje: «Lo que haces me hace sufrir.» En realidad, sufre porque quiere, porque elige sufrir, no importa demasiado lo que el otro haga o deje de hacer. Un padre o una madre sana, si su hijo o su pareja sale a divertirse, dice: «Si vas a salir, avísame, así arreglo con una amiga/o para hacer algo.» Decirle a otro que hizo o hace algo que nos pone mal es llenarlo de culpa.

Muchos pasan toda su vida cargando sufrimiento, angustias y tristezas sobre su cuerpo. Por eso, un día enferman y su vida cambia para siempre. Ignoran que la sanidad tiene que comenzar en su mente para reflejarse luego en su cuerpo.

4. Dos actitudes poderosas

Tenemos que estar sanos mentalmente para luego comenzar a adoptar estas dos actitudes que resultan poderosas:

a. Hacernos cargo

Si observamos alrededor siempre encontraremos gente que opta por quejarse cuando las cosas no van como esperan. La persona quejosa toma una actitud pasiva porque no sabe que cuenta con un arma poderosa para cambiar su situación.

Necesitamos tener una estima sana para así tomar las riendas de nuestra vida y saber que nadie puede decidir por nosotros. Esta actitud nos libera también de idealizar a los demás y de depender de otros al punto de volvernos personas inseguras. ¡Estamos hechos de un material indestructible y somos capaces de llegar a la cima!

Dicen que cuando despega el avión, hay un punto que se llama «de no retorno» en el que el avión tiene que levantar vuelo, sin falta. Si nos hacemos cargo, llegaremos al punto de no retorno y, a pesar de los obstáculos, seremos capaces de lograr todo lo que nos propongamos.

b. Hablar bien de uno mismo y de las situaciones que atravesamos

Las palabras tienen poder, y muchas personas no son conscientes de que su manera de hablar es perjudicial para su vida. Cuando estamos enojados, en lugar de aferrarnos a los recuerdos bonitos de cuando fuimos cuidados y amados, solemos remitirnos a nuestros recuerdos dolorosos, lo que nos hace sentir peor. Necesitamos recordar que las palabras tienen el poder de crear nuestra realidad, y, por tanto, si queremos alcanzar el éxito es fundamental aprender a hablar de forma positiva.

Nuestra boca nos puede frenar o empujar a la concreción de nuestras metas. Por eso, cada palabra que pronunciemos debería ser pensada. Cuando damos rienda suelta a las emociones negativas, usamos palabras nocivas, destructivas, y ponemos el foco en los problemas, no en las soluciones. Cuando nuestra actitud no apunta al problema, sino a su resolución, nuestra lengua calibra los riesgos. ¡Hay poder en nuestra lengua!

5. EL PODER DE LAS PALABRAS

Las emociones negativas que no expresamos van al cuerpo, a los huesos, a los músculos, a los órganos. Entonces, ¿por qué callamos tantas veces? Porque cuando tenemos miedo, la voz se nos entrecorta; cuando tenemos culpa, la voz se interioriza; cuando tenemos rabia, no nos alcanzan las palabras para decir lo que nos ocurre.

Tal vez, sin darnos cuenta y durante años, hemos hecho alianza con la parte enferma de nuestro ser y hemos estado cargando algo que nadie sabe. Pero hoy podemos elegir abrir la boca para pronunciar palabras de gratitud, de esperanza, expresiones que nos levanten y sean una inyección de vida para restaurar nuestros sueños y nuestra visión.

Quien tiene el hábito de poner sus emociones en palabras, por desagradables que estas puedan ser, deja de mirar su metro cuadrado para empezar a ver a lo lejos y a lo alto; se automotiva a diario y contagia a otros sus ganas de vivir, pues nada bloquea su fuerza interior. ¡Aliémonos con todo lo mejor que hay en nosotros!

FORTALEZA 18

Los amigos nos dan fuerza interior y nos nivelan hacia arriba

1. EN TODO TIEMPO AMA AL AMIGO

Somos seres sociales, y uno de los vínculos más notables que establecemos los humanos es la amistad. Se trata de un tipo de unión afectiva que nace de la empatía, es decir, de la capacidad de ponernos en el lugar del otro. Si bien todos necesitamos tener amigos, algunas personas tienen más y otras, menos. En la adolescencia podemos hacernos «amigos» de una persona solo porque nos gusta su hermana, pero a medida que vamos creciendo tenemos relaciones de amistad más profundas. Sin embargo, también hay quienes no pueden tener amigos. Es interesante apreciar que si bien hay amigos con los que sentimos compartir casi todo, muchas veces no tenemos un amigo con quien compartirlo todo, sino que cada uno es distinto y compartimos diferentes aspectos de nuestra vida. Están los amigos del trabajo, los del colegio, los del vecindario, y con cada uno hay códigos diferentes, propios del grupo.

Una verdadera amistad se fundamenta en poder ser uno mismo. El que no tiene máscaras se conecta con los mejores. La gente íntegra, sin máscaras, que no se avergüenza de ser quien es, es requerida por todo el mundo.

> **La amistad duplica las alegrías y divide las angustias por la mitad.**
>
> **Sir Francis Bacon**

Según el grado de confianza, podemos enumerar cuatro categorías de relaciones:

a. Conocidos
Son los compañeros de trabajo, la gente que nos presentan y con quienes realizamos determinadas actividades. Intercambiamos frases, sonrisas y saludos. Esta categoría puede incluir a los vecinos.

b. Compañeros de tarea
Son personas con quienes hacemos algo; hay un compromiso fundado en la tarea en común. Por ejemplo, son compañeros de tareas quienes trabajan en el mismo lugar o con un mismo objetivo. La relación dura lo que dura el trabajo o la meta, luego se disuelve.

c. Amigos
Con ellos compartimos más cosas y les contamos qué nos pasa. De los amigos esperamos mucho más que de los conocidos. Los amigos son pocos y raros de encontrar.

d. Familiares
Con ellos compartimos muchas cosas, nos conocemos bien, saben cómo somos y pensamos.

La manera en que se desarrolla la amistad tiene que ver con las características de quienes se sienten amigos. Los investigadores han descubierto que cuanto más nos vemos con alguien, más proximidad tenemos. El compartir cosas de manera cotidiana nos facilita generar una amistad. Por ejemplo, un compañero de trabajo puede convertirse en un amigo. Sin embargo, la cotidianidad no es imprescindible para la amistad. Un ejemplo de esto son los amigos del instituto: pasamos cinco años viéndonos todos los días. Una vez que terminamos los estudios en ese centro, dejamos de vernos con la misma frecuencia, pero hay un afecto que perdura más allá de las situaciones de proximidad. El tiempo pasó y seguimos siendo amigos.

La amistad es un grado de compromiso mayor que la cotidianidad, y un amigo tiene el deseo de ver al otro para compartir. ¿Por qué? Porque se identifica con el otro, ambos tienen mucho en común, o porque le atrae que tengan personalidades diferentes (por ejemplo, si uno es introvertido y el otro, extrovertido). Ese deseo de compartir tiene que ser mutuo para que la relación de amistad no decaiga.

> **Un amigo es alguien que lo sabe todo de ti y a pesar de ello te quiere.**
>
> **Elbert Hubbard**

2. AMISTAD Y GÉNERO

En la amistad lo que se pone en juego es la empatía, el deseo de compartir y de estar con el otro por una afinidad común. Cuando lo que está en juego no es el deseo de compartir y estar con el otro, no se trata de una amistad. Por ejemplo:

- *Hay mujeres que no pueden tener amigas mujeres*
«Es que yo me llevo bien con los varones», dicen. Y solo

tienen amigos varones. Esas relaciones no son de amistad, sino que pasan más por la seducción. Para este tipo de personas, las mujeres son una competencia. Lo que se pone en juego no es la empatía, sino el deseo de seducir.

- *Hay varones que no tienen amigos varones*

Tienen solo amigas y que no se conocen entre ellas para evitar que se pongan celosas. Aquí tampoco interviene la empatía, sino el deseo de seducir.

3. AMIGOS PARARRAYOS

El pararrayos es una barra de metal que se coloca en la parte más alta de un edificio, cuya finalidad es atraer los rayos para luego conducir la descarga a tierra a fin de evitar que el rayo cause daños. Se calcula que un rayo tiene una influencia de aproximadamente cincuenta metros a la redonda del lugar en que cae, y si es atraído por el pararrayos toda esa energía es absorbida por la barra de metal, la cual está conectada con un cable de bronce que descarga en tierra.

Al igual que la energía del rayo, nuestro malestar sale hacia algún lugar.

¡Es bueno tener un amigo pararrayos!

Estos cumplen dos funciones principales:

Contener

Si nuestro amigo atraviesa una situación difícil, no hablemos de más, permanezcamos tranquilos, ya que la ansiedad es contagiosa. Abracemos a nuestro amigo y escuchémoslo empáticamente. No le expliquemos nada y comportémonos con normalidad.

Permitir la catarsis

Un amigo pararrayos es una pieza fundamental para que el otro se sienta en confianza para hablar. Conectemos con nuestro amigo, preguntemos cosas como: «¿dónde estabas?», «¿qué te paso?», «¿cómo fue?», «¿qué sentiste?», etc. No lo reprimamos; por el contrario, ayudémoslo a verbalizar, a poner en palabras lo que siente.

En la amistad interviene el deseo de compartir y estar con el otro por una afinidad común. Valoremos y cuidemos a los amigos que la vida nos ha regalado, que, como alguien tan bien expresó, «son los hermanos que elegimos».

En todas las etapas de la vida necesitamos tener amigos. No hay «caretas ni demandas», sino un fluir desinteresado de uno hacia el otro. Los amigos se estiman, se contienen y sintonizan. En la amistad se comparten los grandes sueños, las tristezas, las luchas y alegrías. Un amigo es la voz correcta que nos impulsa a mejorar, que cree en nosotros y nos acompaña en nuestro camino.

FORTALEZA 19

Admirar nos da fuerza interior; envidiar nos debilita

1. UN SENTIMIENTO OCULTO

Muchas personas sienten envidia de los demás y otras tantas son objeto de envidia. La envidia, por lo general, se oculta. La persona dice: «estoy triste... estoy enojado... estoy molesto... te detesto... te odio». Es raro que uno exprese directamente que envidia a alguien. Y cuando en alguna ocasión decimos «te envidio», por ejemplo, porque alguien se va de vacaciones a la playa, lo hacemos cariñosamente. En realidad, es más admiración que envidia.

La envidia es un sentimiento terrible. El primer homicidio de la historia fue por envidia entre dos hermanos. La envidia es un dolor que se transforma en odio para destruir lo envidiado. Es decir, que esta genera una sensación de dolor e ira que hace que uno quiera destruir aquello que envidia. Se trata, en realidad, de una conducta infantil, como cuando le damos un juguete a cada uno de nuestros hijos y ellos pelean por lo que le tocó al otro.

La envidia suele tener lugar entre colegas, entre pares. Si somos periodistas, nos envidiará un periodista. Si somos escritores, nos envidiará un escritor. Se puede envidiar todo, incluso la esperanza. Cuando una persona es divertida, eso significa que está relajada y tiene una actitud de esperanza. Por eso es divertida. Y si somos divertidos y tenemos una actitud positiva hacia el mañana, seguramente alguien nos envidiará la esperanza. También se suele envidiar el dinero. «¿Cuánto ganaste?» es una típica pregunta de envidia. Se puede envidiar la capacidad para el estudio. Un compañero que le dice a nuestro hijo «¿Para qué estudias? ¡No estudies!», lo hace porque muy probablemente lo está envidiando.

Es muy común envidiar la familia. Muchos amantes conquistan a una mujer casada, o a un hombre casado, no porque quieran estar con ella o él, sino porque quieren destruir su familia. Compiten con el otro o la otra porque envidian su familia. Otros envidian el poder, o la capacidad de influencia.

Para no ser envidiado, necesitaremos escondernos, no asomar la cabeza, caminar arrastrando los pies, no trascender ni obtener ningún logro. De esa manera, nadie nos envidiará. Pero si hacemos algo, sepamos que alguien, alguna vez, en algún lugar, nos envidiará. Todos somos objeto de envidia.

> La envidia es una declaración de inferioridad.
>
> **Napoleón I**

2. Enfrentando la envidia

La envidia aparecerá siempre que alguien alcance un logro, que trascienda, que sobresalga. Quizás hemos alcanzado un logro económico y nuestros conocidos no nos envidian porque no desean tener dinero; pero puede ocurrir que nos envidien en otra área, ya sea nuestra familia, nuestra actitud de esperanza o nuestra salud.

El envidioso se queda callado o descalifica al otro cuando le cuentan un logro, pero en el fondo quiere destruir eso que envidia, pues no lo tiene en su vida y eso le duele. Enseñemos a nuestros hijos a no ser envidiosos ya desde pequeños. Veamos dos sugerencias para evitar caer en la envidia:

- *Compartir, no competir*
Enseñemos a nuestros hijos a no competir con sus compañeros ni con sus amigos, ni con nadie. Si van a competir, que lo hagan con ellos mismos; es decir, que se superen a sí mismos. Con la gente que nos rodea, sea cercana o no, deberíamos compartir y no competir.

- *Poner el foco en el proceso, no en el suceso*
La segunda idea que podemos enseñarles es que, cuando vean que a alguien le va bien, descubran cómo lo hizo. Eso significa centrarse en el proceso, no en el suceso. Si tenemos un negocio de comida para mascotas y nos va bien, entonces el envidioso dirá: «Mira, se está forrando vendiendo comida para animales.» Pero sabemos el esfuerzo que hacemos a diario levantándonos muy temprano y trabajando de lunes a sábado. Eso significa que conocemos el proceso que nos llevó al éxito. Cuando vemos que alguien está progresando, no lo envidiemos ni critiquemos; en lugar de eso, preguntémosle cómo hizo para aprender e incorporar información útil. La suerte no existe; el éxito se encuentra trabajando duro. Aprendamos cómo lo hacen aquellos a quienes les va bien.

¿Qué hacer cuando alguien nos envidia o descalifica? No deberíamos perturbarnos, sino seguir adelante con nuestro objetivo. Si nos quedamos detenidos, el envidioso logrará su cometido. Una vez perdonamos; dos veces perdonamos; tres veces perdonamos y lo dejamos pasar, lo olvidamos. Pero si su actitud persiste, lo conveniente es decirle: «Me molesta tu actitud», para que, tal vez, el otro cambie su manera de actuar. Si no se lo decimos, reprimimos el enojo, y toda emoción guardada nos conduce a reaccionar mal en algún momento. Simplemente sigamos nuestro camino porque siempre va a aparecer gente envidiosa. Si el envidioso utilizara toda esa energía que pone para envidiar en construir su sueño, le iría muchísimo mejor.

3. ALGUNAS IDEAS SOBRE LA ENVIDIA

Ponerle un rótulo de «cenizo» a alguien es un acto de envidia. Decir, por ejemplo, que los pelirrojos son cenizos o «mufa», como decimos en Argentina, nace de la envidia. El envidioso hace esta falsa asociación, en este caso: pelirrojo = perdedor. ¿Por qué? Porque busca destruir al que envidia.

Cuando una pareja o una familia pelean por dinero, en el fondo no se están enfrentando por lo económico, sino por temas afectivos que nunca hablaron y están poniendo en esa cuestión. Hace unos años hice un posgrado de mediación y pude ver cómo funcionan las partes en disputa y que van a una mediación.

Por ejemplo, dos hermanos que eran socios se pelearon y cada uno pedía millones. Pero cuando yo hablaba a solas con ellos, uno decía: «A mí no me importa el dinero, solo quiero que me pida perdón», y el otro decía: «Desde chico mamá siempre lo quiso más a él.» O sea, podía pensarse que estaban peleando por el dinero del negocio, pero en realidad era una competencia entre hermanos.

Por eso, es muy importante no generar competencia y envidia entre hermanos. Los padres tenemos que enseñarles a compartir, no a competir, y a tener una mirada introspectiva para mejorar. Los temas por los que suelen pelear en las familias son, en realidad, temas de competencia o reconocimiento. Muchas de las peleas que tenemos con los demás no son por las cosas que creemos, sino porque buscamos que nos reconozcan.

¿Cómo podemos salir del patrón inconsciente que nos lleva a buscar el reconocimiento?

Sanando nuestra estima. Sobre toda cosa guardada, necesitamos guardar nuestro corazón, porque si lo descuidamos, perderemos la capacidad de crecimiento, la agilidad y la velocidad. Y todo lo que hagamos nos costará el doble. Cuando somos emocionalmente libres, podemos vivir setenta, ochenta o noventa años centrados en dejar una huella a las próximas generaciones.

Cuando no buscamos que los demás nos reconozcan, porque nuestra estima está sana, podemos abrir camino donde hay maleza, para que las próximas generaciones avancen. Seamos abridores de caminos. Si tenemos la fortuna de generar un negocio exitoso, enseñemos a la gente cómo tener éxito, no guardemos la fórmula por miedo a la envidia. De ese modo, seremos abridores de caminos y nos sentiremos libres de la mirada de los demás.

4. CÓMO LIBERARNOS DE LA MIRADA
   DE LOS DEMÁS

¿Qué hacer para conseguirlo?

• *Reconocer en qué somos buenos, en qué mediocres y en qué malos*

Es bueno poder ver los tres aspectos juntos; es decir, que no somos totalmente buenos ni totalmente malos. En algunas cuestiones somos buenos, en otras somos mediocres y en otras somos malos. Cuando empezamos a ver las tres facetas, comenzamos a tener una historia, un relato en el libro de nuestra vida, y así es como nos sanamos. El problema es cuando no podemos reconocer las tres y vemos solo una de estas facetas.

Tanto el orgulloso como el narcisista sufren mucho porque solo ven lo que es bueno, no ven lo que es mediocre ni lo que es malo. Esa niña y ese niño crecieron pensando que son maravillosos, que son rápidos, que son inteligentes... pero la realidad empieza a golpearlos y tienen que sostener ahora que son buenos cuando en realidad no lo son tanto, pues hay cosas que hacen de manera mediocre y hay cosas que hacen mal.

Entonces se deprimen porque la realidad les muestra que no son tan buenos, porque no son capaces de ver las cosas mediocres y las cosas malas.

Todos los seres humanos, sin distinción, poseemos aspectos buenos, mediocres y malos. La persona orgullosa no puede ver lo mediocre y lo malo, entonces la realidad lo confronta, se deprime y se vuelve a levantar diciendo: «No es cierto, yo soy maravilloso», y termina haciendo cosas sin sentido. Por ejemplo, un hombre que hace tres años que no trabaja explica que no consigue empleo porque su currículum es muy grande. Y si uno le dice que hace tres años que vive de la ayuda de los demás, responde que está seguro de que va a aparecer algo importante para él. Su necedad le hace ver solo su lado positivo.

En un extremo está el orgulloso que se concentra en lo

bueno y, si alguien le señala algo malo, se ofende. Y en el otro extremo tenemos al que solo ve lo malo y cree que en la vida todo le sale mal; esa es una persona infantilizada, rígida, que no quiere

> **Aquel que es demasiado pequeño tiene un orgullo grande.**
>
> **Voltaire**

salir de ese esquema tan dañino que lo limita. Se considera un desastre y peca de orgullo, de autoconmiseración. En realidad, disfruta de estar en esa posición inflexible.

En cambio, una persona libre es alguien que dice: «Yo tengo cosas buenas, tengo cosas mediocres y tengo cosas malas.» ¿Será tan difícil aceptarlo? Somos libres cuando lo hacemos. Todos tenemos cosas buenas, mediocres y malas... ¡las tres!

• *Tenemos que focalizar específicamente en qué cosas somos mediocres y en cuáles, malos, y no generalizar*

Yo cateé inglés todos los años en el instituto, entonces podría llegar a la conclusión de que soy malo para los idiomas. Pero estudié griego seis años y lo hablo bien; entonces la realidad es que no soy malo para los idiomas, soy malo para el inglés. También cateaba matemáticas todos los años, pero no así educación física. Es decir, que para matemáticas soy malo, pero para la actividad física soy bueno.

Identifiquemos específicamente en qué cosas somos malos y aceptémoslas. A la mayoría nos sucede que sobre las cosas que hacemos mal, o de manera mediocre, sentenciamos: «Soy un desastre, todo me sale mal», «Mi pareja es un desastre», «Como comerciante soy un desastre». ¡No! Tenemos que ser específicos e identificar claramente en qué somos buenos; en qué, mediocres, y en qué, malos. Yo sé en qué temas soy bueno hablando, sé en cuáles soy mediocre hablando (pues no los manejo) y sé en cuáles soy malo (por carecer de conocimiento sobre ellos). También sé que soy bueno liderando, pero soy malo para cambiar una bombilla en casa. Reconozcamos específicamente en qué cosas somos buenos, mediocres y malos.

• *Tenemos que saber que en eso que somos mediocres y malos, lo somos porque no les dedicamos el suficiente tiempo, no porque no tengamos la capacidad*

Si nunca jugamos al fútbol, si nunca practicamos un deporte, es decir, que no invertimos tiempo en correr, sino en otra cosa, no seremos buenos corriendo. Ahora sé por qué cateaba inglés en el instituto. No porque fuera malo para ese idioma, aunque siempre me fue mal, sino porque no le dedicaba el tiempo necesario. Cuando reconocemos en qué somos buenos; en qué, mediocres, y en qué, malos, no tenemos problema en dejarnos corregir. Si alguien viene a mí y me dice «Bernardo, eres un desastre para el inglés», no me enojo. ¿Por qué? Porque ya lo vi antes, y entonces puedo trabajar en eso para mejorarlo, invirtiendo más tiempo para aprender.

Dicen que el eslabón más débil en la cadena es el más fuerte porque la rompe. Cuando puedo reconocer mis áreas débiles y mis áreas mediocres, entonces me dejo corregir y puedo crecer. Puedo crecer porque la historia de mi vida no ha terminado. El libro de mi vida se va a escribir hasta mi último suspiro. Cuando una persona admite que algo le sale mal pero puede corregirlo y ve que puede dejarse corregir e invertir tiempo, es porque reconoce que tiene aspectos buenos, mediocres y malos.

> El secreto de la sabiduría, el poder y el conocimiento es la humildad.
>
> **Ernest Hemingway**

Todos los días, o día por medio, tenemos que sentarnos a ver lo que estamos haciendo bien, mal o mediocremente. Cuando logremos reconocerlo, nos dejaremos corregir y ya no nos molestará que alguna vez nos lo señalen. ¿Por qué? Porque nosotros ya lo vimos antes. Para ello, es necesario tener humildad.

5. UN NUEVO CAPÍTULO

Miremos nuestra vida como si fuera un libro y a nosotros como el autor que narra los capítulos. La obra todavía no está terminada. Pensemos de esta manera: «Si me fue mal en este aspecto, tal vez fue porque no invertí suficiente tiempo, o porque no me dejé corregir. Pero ahora puedo crecer y puedo transformarlo en algo valioso y útil porque mi vida no está terminada. Sigo escribiendo cada día los próximos capítulos.»

No importa que nuestra pareja anterior no haya sido lo que esperábamos, ahora podemos escribir un nuevo capítulo sobre nuestra pareja. No importa que antes no supiéramos cómo relacionarnos con nuestros hijos; como papá o mamá ahora podemos escribir un nuevo capítulo sobre ellos. No importa que antes tuviéramos depresión, todavía no se ha terminado nuestro best seller, aún estamos escribiéndolo.

Una vez que reconocemos que tenemos cosas buenas,
mediocres y malas, somos capaces de cambiar
y ver un mañana extraordinario.

Cuando alguien me dice algo, considero su punto de vista, lo escucho, pero no dependo de esa opinión. Escucho lo que me dicen y presto atención a la mirada ajena, pero no me ato, no dependo de ella, no la necesito para vivir. ¿Por qué? Porque ya empecé a reconocer en qué soy bueno, en qué soy mediocre y en qué soy malo.

En la pareja, hombres y mujeres somos buenos, mediocres y malos, como novios o esposos, y tenemos que reconocerlo. Nadie tiene solo características buenas y el problema nunca es de uno solo; pero tampoco nadie tiene solo características malas y no sirve en absoluto. Todos somos buenos y malos a la hora de relacionarnos. Si somos dueños de un negocio, habrá cosas en las que seremos buenos, otras en las que seremos mediocres y otras en las que seremos malos. Hay padres a quienes los cita la maestra porque su hijo no estudia, y ellos se revuelven y le responden: «¿Cómo que no estudia? Usted es la responsable.» No pueden ver que su hijo tiene características buenas, mediocres y malas.

Leí un libro muy interesante del doctor Polinsky, un cardiólogo argentino que estudió en Estados Unidos, donde explica que el estrés es un reflejo. Cuando nos pegan en la rodilla y esta se mueve sola, eso es un reflejo; si un bebé toma tu dedo con su manita y te aprieta, eso es un reflejo. El estrés es un reflejo de lucha o huida de nuestro cerebro más primitivo. Cuando nos pasa algo y lo interpretamos como una situación de vida o muerte, luchamos o huimos. Y en ambos casos se acelera el corazón y envía sangre a las manos o a los pies, se acelera el pulso, etc.

El hombre, que antes veía un león y se le activaba el reflejo de lucha o de huida, hoy lucha con jefes, con deudas, con hijos, con problemas, con delincuentes, etc. ¿Qué le pasa a nuestro cuerpo permanentemente? Interpreta «peligro». Si alguien pasa por nuestro lado y nos mira mal, creemos que nos va a robar y que estamos en peligro. Entonces nuestro cuerpo segrega sustancias que intoxican la sangre; de ahí viene la «mala sangre», porque esta se pone mala cuando diez o veinte veces por día tenemos una reacción de lucha o huida.

Este cardiólogo aconseja usar el PAP, o sea, *«ponerse a pensar»*, y ¡es extraordinario! Cuando nos pase algo, pongámonos a pensar en qué nos equivocamos, para así ver las cosas mediocres y las cosas malas que hay en nosotros. Si usamos el PAP, entonces podremos deshacernos del orgullo de que solo tenemos cosas buenas y nuestro problema son los demás; también nos libraremos de la idea de que todo nos sale mal. Aprenderemos que tenemos los tres aspectos y, si aplicamos el PAP y nos ponemos a pensar, seremos capaces de crecer, sacarle el jugo a la vida y decir: «Todavía hay capítulos maravillosos por escribir.»

Si nos hemos equivocado en los afectos, en las finanzas, en los sueños o en otra área de la vida, sepamos que siempre hay una nueva oportunidad. Y que tener una visión grande anula la envidia. Cuando tenemos una visión grande, ya no buscamos la aprobación y la mirada de los demás y tampoco ocupamos el tiempo mirando qué hacen los otros. Abracemos un sueño grande y caminaremos con fortaleza y libertad para liberar la fuerza interior y ponerla al servicio de nuestros sueños.

Fortaleza 20

Lo interior nos da fuerza interior porque siempre es más fuerte que lo exterior

1. ¿Hago, luego tengo y soy?

La sociedad actual busca cambiarnos el orden de prioridades y nos dice: «Debes hacer para que puedas tener y ser.» Esa es la razón por la que mucha gente se esfuerza haciendo cosas, pues tiene la creencia inconsciente de que, cuando hace y tiene, es alguien, vale y la quieren por ello. Pero el plan original para el ser humano nunca fue hacer y tener para ser, sino ser para luego hacer y tener.

El ser es el poder interno, mientras que el hacer y el tener es el poder externo. Para manejar este, primero necesito tener claro aquel.

En la actualidad, más que las figuras premiadas de la ciencia o la literatura, son los famosos del fútbol y la televisión los que a menudo sirven de modelo a los jóvenes. La cultura nos transmite, entre muchas otras cosas, que el alcohólico es alguien alegre y divertido. El famoso «botellón» de los adolescentes se hace para divertirse. El que fuma es visto como alguien sensual. El que consume estimulantes es visto como alguien creativo. El que no cumple con las normas es visto como alguien pícaro. En cambio, al que estudia mucho se lo considera un «empollón». La mentira detrás de todo esto es que si uno hace y tiene, entonces será alguien. Es así que la mayoría de las personas van detrás del dinero, la belleza y la fama para sentirse valiosas e importantes. Pero esa búsqueda nunca termina de conformarlas y las deja atrapadas.

Algunas personas tienen herido el ser: no saben quiénes son. Otras tienen herido el hacer: saben quiénes son, pero les cuesta hacer porque están bloqueadas. Y otras tienen herido el tener: saben quiénes son y no ven problema en hacer, pero no saben cómo manejar el tener.

Los seres humanos podemos ser de tres maneras:

> Si soy lo que tengo y lo que tengo lo pierdo, ¿quién soy?
>
> Erich Fromm

a. *Como creemos que somos.*
b. *Como los demás nos ven.*
c. *Como en verdad somos.*

2. Ser

La manzana tiene dos valores: el de venta y el nutritivo que naturalmente posee. El valor de venta lo fija la gente. Todos tenemos dos valores: el que nos pone la gente y el que tenemos como seres humanos. Necesitamos saber quiénes somos porque dicho conocimiento nos habilita para avanzar y triunfar en la vida. Todo lo que nos dijeron que éramos no es cierto. La única verdad es lo que reside en nuestro interior.

Cuando estuve en Nueva York, visité el edificio de Donald Trump. Todo el mundo se saca fotos allí, pero nadie fotografía las columnas del edificio. Nuestra fortaleza puede compararse con las columnas de una casa. Somos fuertes como una columna, somos triunfadores. ¿Cómo nos vemos a nosotros mismos? No nos veamos como los demás nos ven; no importa lo que nos hayan dicho nuestros padres, maestros o amigos. Debemos vernos como nuestro propio ser dice que somos. La clave está en nuestro interior. Así, cuando vengan tiempos difíciles seremos como un mojón que nada ni nadie puede derribar. Somos fuertes, somos vencedores, somos valiosos.

3. HACER

Tener la certeza de quiénes somos nos permite tener la seguridad de que vamos a lograr todo aquello que emprendamos. Aquellos que saben que lo van a lograr festejan antes del logro. Esa batalla, ya sea económica, afectiva o de salud, hay que librarla con la seguridad de que vamos a ganarla. Cuando vamos a comprar un perfume, nos colocan una gota en la muñeca para que lo probemos, pero a las dos horas ya no se siente la fragancia. La muestra gratis no es para las veinticuatro horas del día, es solo una muestra gratis. Si hasta ahora hemos recibido muestras gratis, comencemos a hacer hasta lograrlo, pues nos corresponde toda la recompensa por nuestro esfuerzo, no solamente una parte. Nunca nos detengamos a mitad de camino.

4. TENER

Una vez que sepamos quiénes somos y que lo vamos a lograr, entonces tendremos. Y cuando tengamos, lo disfrutaremos. Hay gente que sabe quién es y cómo hacer, pero cuando tiene cosas se vuelve insegura. Por eso existen las marcas de ropa. Porque muchos piensan que, si tienen prendas de determinada marca, valen más que los demás. Otros piensan que porque estudiaron una carrera o consiguieron un empleo son más inteligentes que el resto. La sociedad nos recuerda a cada instante que si tenemos, haremos; pero solo aquellos que saben quiénes son y que, como resultado, van a lograr, disfrutan del tener.

¿Por qué el que tiene quiere tener aún más? Porque en el fondo, dicen los neurocientíficos, todos tenemos un miedo primitivo. El miedo más primitivo es a no sobrevivir; se relaciona con el instinto de supervivencia. Cuando, por ejemplo, vamos a un restaurante de bufet libre, casi siempre comemos mucho. Seguimos comiendo, aunque ya no sintamos hambre, porque se nos activa el miedo a quedarnos sin comida y morir. La mayoría de las personas ganan dinero y acumulan sin límite porque en el fondo temen no tener recursos suficientes para sobrevivir. Se trata de un miedo primitivo que todos poseemos.

Cuando nos roban algo, nos sentimos mal. Pero la reacción negativa no es por lo que nos quitaron, o por la invasión del territorio, sino porque nos sentimos ultrajados, abusados, y se activa el miedo de la supervivencia. Si uno no tiene su territorio, ¿dónde va a obtener su alimento? Y no comer es sinónimo de morir. No solamente hacemos de las cosas nuestro territorio; también convertimos las ideas en nuestro territorio. Hay personas capaces de matar por una idea. Alguien mata por una idea porque en el fondo tiene miedo; esa idea es su territorio y quiere protegerlo. Por eso nos cuesta tanto cambiar, avanzar y crecer, pues sentimos que si perdemos el

> Dos linajes solos hay en el mundo, como decía una agüela mía, que son el tener y el no tener.
>
> **Miguel de Cervantes**

territorio, no podremos sobrevivir. Lo cierto es que siempre seremos capaces de sobrevivir, ya que tenemos un poder interno ilimitado donde se halla la capacidad de generar todo lo que necesitamos.

5. ¿QUIÉN ME GOBIERNA?

Los seres humanos estamos diseñados a prueba de todo. Porque lo importante no es lo que nos rodea por fuera, sino lo que nos gobierna por dentro. Un maestro rural recorre todos los días un largo camino para dar clase en un lugar desprovisto de las comodidades de la ciudad. No le importa aquello que lo rodea; solo le interesa la orden que lleva dentro. No importa la casa ni el barrio donde vivamos, sino lo que nos domina interiormente. Si nos domina la paz, funcionaremos bien en cualquier lugar, aunque el barrio no sea el mejor o la casa esté en malas condiciones. Hay gente pobre que gana la lotería y en poco tiempo vuelve a ser pobre. Porque la lotería les saca de la pobreza externa solo por un tiempo, pero no les saca de la pobreza interna. Lo importante no es lo que tenemos fuera, sino lo que nos domina por dentro.

Las circunstancias y todo lo que nos rodea, sea positivo o negativo, no determina nuestra vida, sino que es nuestra vida (nuestra identidad) la que tiene que determinar nuestras circunstancias. La mayoría de las personas son fácilmente influenciadas por sus circunstancias, sobre todo si son negativas. Si tenemos sueños que cumplir, no deberíamos permitir que el clima, ni la situación económica, ni la relación con la familia, ni cualquier otra cosa externa nos afecten. Si solo somos dominados por la esperanza que llevamos en nuestro interior, seremos capaces de trocar las circunstancias malas en exitosas.

Aquel que se encuentre atravesando dificultades y sienta el peso de la soledad debería saber que todo lo negativo que enfrentamos en la vida tiene fecha de caducidad. Nada malo es eterno y siempre tenemos la oportunidad de volver a levantarnos. Porque lo importante no es lo que nos rodea por fuera, sino lo que nos gobierna por dentro. En estos tiempos convulsos la gente teme a los aumentos de precios, a los vaivenes de la economía, a los terremotos que destruyen pueblos enteros, a la inseguridad que se lleva tantas vidas, etc. Es decir, a lo que pasa fuera, porque no se atreve a mirar hacia dentro y la realidad la abruma.

> Aprende a gobernarte a ti mismo antes de gobernar a los otros.
>
> Solón de Atena

La presentadora de un programa de televisión recientemente viajó a Jujuy, en el norte de Argentina, para visitar un pueblo muy pobre en medio de las sierras. No pudo evitar encariñarse con una señora, a la que le regaló ropa. La mujer le dio las gracias. Cuando regresó a la semana siguiente, la presentadora pasó a saludar a la señora. La vio contenta y le preguntó si le había servido la ropa que le había dado. La mujer le contó que se la había regalado a una mujer muy pobre... ¡aunque ella también es pobre! Sin embargo, agradece el hecho de que se puede bañar una vez por semana con agua caliente mientras que la mujer a la que le regaló la ropa tiene agua caliente solo una vez por año. Una persona pobre le dio su ropa a otra aún más pobre y estaba feliz por ello. Así pues, no importa lo que nos rodea por fuera, sino lo que nos gobierna por dentro, y así, aun en la máxima pobreza, siempre podemos ayudar a otros que están en peor situación.

Jamás deberíamos acomodarnos a lo exterior, a las circunstancias que nos rodean, sino hacer que nuestra actitud interna (que nadie puede tocar) cambie el afuera. Cuidemos nuestro ser interior, que es nuestra verdadera identidad, por encima de todo lo que es transitorio y mañana puede desaparecer. Lo que portamos en nuestro interior es lo que importa, porque ahí reside nuestra fuente de fortaleza.

FORTALEZA 21

Poner una medalla de oro otorga fuerza interior: todos necesitamos a alguien que nos elogie

1. UN CAMBIO EN LA RELACIÓN

Ser padre es un gran privilegio. Una de las mejores cosas que nos pueden pasar en la vida. Pero aquí quiero referirme a un tema que quizá no nos agrada tanto tratar: los problemas con los hijos.

En la actualidad, el cambio más importante que tenemos en relación con nuestros hijos es el de la *simetría*. ¿Qué quiere decir esto? Veinte años atrás, los padres lo sabíamos todo y decíamos lo que había que hacer sin ser cuestionados. Hoy los padres, por lo general, no sabemos ni decidimos en muchas cuestiones y nuestros hijos nos mandan. ¿Qué trajo internet? Una simetría en el sentido de que los padres seguimos siendo autoridad, pero hoy nuestros hijos saben más que nosotros y nos cuestionan. La razón es que ellos entran en Google y nos dicen: «A ver... no, no es así mamá/papá.» Si uno les comenta: «Me duele aquí», ellos lo googlean y después nos explican: «Puede ser por tres causas...», y nos describen lo que tenemos.

Hoy en día se ha producido un cambio muy importante en la cultura: los chicos hacen lo que quieren y no aceptan ningún límite. Ellos pretenden ponerse casi a la par de los adultos. Y nosotros tenemos que manejar la relación con sabiduría, porque somos autoridad sobre ellos, les guste o no. Autoridad no quiere decir sometimiento o maltrato, sino tomar las riendas de su crianza para guiarlos.

2. ALGUNOS PROBLEMAS Y POSIBLES SOLUCIONES

A continuación veremos algunos de los problemas más comunes que podemos tener los adultos con las nuevas generaciones y qué se puede hacer al respecto:

- *Nuestros hijos están muy enojados y no nos hablan*

Los padres tenemos la obligación de resolver ese problema. No podemos decir: «Bueno, no me habla; entonces yo tampoco le hablo», ya que esa es una conducta adolescente. Lo ideal es empezar a hablar con ellos de temas superficiales, o generales, para ir poco a poco a los temas conflictivos. Toda vez que hablemos con nuestros hijos, no les pasemos factura ni les digamos: «La familia es importante», o «¡Tienes que respetar a tus mayores!», porque se cerrarán más y, si cerramos una ventana con nuestros hijos, la cultura les abrirá otra hacia un afuera que los absorberá.

¿Qué hacer entonces? Una idea de oro: cuando el hijo esté muy enojado, podemos darle la razón y decirle: «Tienes razón. ¿Cómo seguimos de aquí en adelante?» Los padres no estamos para ganar un pulso, sino para guardar el vínculo y construir hacia delante.

• *Nuestros hijos a veces nos hablan y otras veces no hablan*

La tarea de los padres es estar con ellos. Los adolescentes son expertos en generar problemas, pero nosotros debemos estar presentes. No como una red adonde ellos tiren la pelota, sino como una pared donde la pelota rebote. Procuremos estar presentes para nuestros hijos y nunca soltarles la mano, porque ellos necesitan que los conduzcamos.

• *Nuestros hijos quieren dejar de estudiar porque les fue mal en un examen*

Tenemos que decirles que podrán hacerlo después de aprobar la asignatura. Así les enseñamos a que no abandonen en la derrota, sino en el éxito. ¿Por qué? Porque si uno abandona en la derrota, se sentirá frustrado. Pero si uno aprueba, si le va bien, sigue adelante.

Cada vez que nuestros hijos quieren abandonar algo, podemos decirles: «Esto te va a pasar a lo largo de toda la vida; siempre va a haber una asignatura difícil. ¿Vas a abandonar siempre a mitad de camino? Esta es la oportunidad para que desarrolles fortaleza, haciendo tu mejor esfuerzo para aprobar, para superar las cosas difíciles de la vida.»

Esto vale también para nosotros: cuando renuncio a un desafío y digo: «Esto es muy difícil, no quiero continuar, otro lo hará mejor que yo», más adelante volveré a encontrarme con ese desafío. La vida se compone de desafíos y yo tengo que decidir si volver a encontrármelo en el futuro o resolverlo ahora y avanzar. Nunca deberíamos renunciar en la derrota, pues fuimos creados para alcanzar el éxito.

Si el hijo quiere dejar el colegio con la excusa de que «no le da la cabeza», expliquémosle que más adelante tendrá asignaturas aún más difíciles. Así que necesita «poner todo de sí»; nosotros lo ayudaremos, pero él no tiene que abandonar los estudios. Acompañemos a nuestros hijos a construir mirando adelante, porque cuando uno renuncia en la derrota queda frustrado, aunque se haya esforzado mucho.

• *Nuestros hijos nos critican que trabajamos mucho*
Cuando son pequeños, en realidad son portavoces de la madre. No le están reclamando nada a papá, sino que son un eco de lo que oyen decir a mamá. Esta siente que su pareja trabaja mucho y el niño se convierte en el portavoz de ella porque ve la famosa «grieta» entre ellos (la grieta no está solo en el país).

Cuando son nuestros hijos adolescentes quienes nos dicen que trabajamos mucho, no están diciendo: «No estuviste conmigo, no me acompañaste», sino que en realidad están reclamando por algo que no les dejamos hacer. Podemos decirles: «Lo que pasa es que no toleras que te haya puesto un límite en esto y me estás pasando la factura.» Los adolescentes son «yudocas verbales». Por eso, hay muchos padres con culpa por no haber estado presentes para sus hijos. Pero tengamos en cuenta que en esos casos no están exigiendo nuestra presencia, sino protestando contra los límites impuestos.

Hoy más que nunca necesitamos establecer hábitos, pues los jóvenes carecen de ellos: el hábito de levantarse temprano, el de estudiar, el de leer, el de ayudar en casa, etc. Nuestra cultura no genera hábitos, solo les ofrece diversión. Por eso, los chicos lo único que quieren es disfrutar de la vida sin grandes obligaciones. Nuestra cultura les inculca que hay que divertirse siempre, entonces solo quieren diversión en todos lados (incluido el colegio). ¡Ellos quieren que los maestros los hagan divertir! No está mal divertirse, pero la vida no solamente es diversión, pues esta «adormece» y no ayuda a crecer, a pensar, a ser un buen padre, a mantener un buen trabajo ni a tener más capacidad. La cultura distrae a las nuevas generaciones porque la gente «divertida» es más manipulable y fácil de manejar.

El hijo que se crio solo dice: «Yo no tuve padre.» En realidad, todos los que estamos vivos tenemos un padre. Si el mío murió o me abandonó, tuve a alguien que hizo las veces de papá: un abuelo, un tío, un maestro, etc. Cuando alguien dice que no tuvo padre y se crio solo, no está viendo quiénes le hicieron de papá. Los seres humanos fuimos creados de manera que, cuando nos falta un papá o una mamá, buscamos a alguien para incorporarlo en ese rol. Padre y madre no son los que nos parieron, sino los que nos criaron.

- *Tenemos un hijo reprimido*

Es algo que veo mucho en los jóvenes. El chico que está contenido, no se enoja y hasta camina medio rígido, es porque, por lo general, tiene mucha ira en su interior. Y, aunque hable bajito, es una bomba de relojería porque en el fondo no es feliz. Esa es la causa de que hoy haya tantas parejas donde el novio maltrata verbalmente a la novia. Muchos chicos jóvenes tienen ira en su interior. Si tenemos un hijo así, sentémonos con él y dialoguemos: «Hijo, ¿qué pasa que estás tan amargado? Tienes cosas guardadas.» Y brindémosle un espacio seguro donde expresar ese enojo que no le permite ser feliz.

3. MEDALLA DE ORO

La mejor enseñanza que podemos dejarles a nuestros hijos es que no son medalla de plata, sino *medalla de oro*.

Me contaron el caso de una joven que sacó un ocho en la facultad. Un día estaba en la casa de su abuela y le dijo: «Abuela, en la facultad saqué un ocho.» «¿Un ocho? Nietita, te felicito», y le dio un beso. La chica se puso a llorar. «¿Qué te pasa?» «Tú no me quieres, no me valoras. Quiero irme de aquí.» La nieta se enojó y llamó a los padres para que fueran a buscarla. Los padres fueron y le preguntaron a la abuela qué le pasaba a su hija. «No sé, la felicité porque sacó un ocho. Solo le di un beso.» ¿Qué le pasó a esa joven? Ella tiene un hermano mayor que saca siempre diez y, aunque la abuela hubiese descorchado un champán, habría sentido que no le alcanzaba. Internamente ella ganó la medalla de plata, no la de oro, porque sentía que el hermano tenía la de oro. Hay mucha gente a la que uno le dice: «Te felicito», y responde: «Ay, yo esperaba que me dijeras algo más, que me trataras mejor.» ¿Por qué? Porque siente que no le alcanza el amor que le dan, ya que internamente no tiene medalla de oro. Necesitamos resolver eso. Muchos se ponen la medalla de plata y a otro le ponen la de oro. Por eso, cuando alguien los felicita, sienten que no les alcanza. En el fondo, la misma persona se ubica en el segundo puesto. Pero fuimos diseñados para estar en el primer puesto. Somos seres únicos e irrepetibles.

No necesitamos compararnos con nadie, sino ser quienes somos y enseñarles eso a nuestros hijos: *Yo soy medalla de oro.* Cuando sintamos que, nos den lo que nos den, nos falta algo, sepamos que el problema no es de afuera, sino que internamente le asignamos el primer puesto a otra persona. No nos asignemos el número dos; somos número uno y enseñémosles eso mismo a nuestros hijos. Así evitaremos muchos de sus problemas.

4. CÓMO ALENTAR A NUESTROS HIJOS

No existe una fórmula mágica infalible, pues cada hijo es diferente y nosotros, como padres, también lo somos. Pero sí podemos aplicar ciertos principios que son semillas para sembrar en ellos y tarde o temprano nos darán una cosecha. Veamos tres actitudes que un padre o una madre debería tener para alentar a sus hijos:

a. Ver más allá de lo que hoy vemos en nuestros hijos

Tal vez hoy veamos en ellos solamente nuestras frustraciones, lo que lloramos, lo que no pudimos lograr con ellos, lo que ellos no están logrando, lo que ellos no pueden vencer, un vicio, una situación difícil. Y quizá los veamos con distancia porque no queremos o no podemos ver la realidad. «Yo no sé muy bien qué le está pasando; no me puedo comunicar con él y no lo tengo muy claro», dicen muchos padres. En el fondo, no quieren acercarse a sus hijos porque no soportan verlos sufrir. Ninguno de nosotros quiere ver sufrir a su hijo, por eso a veces lo miramos de lejos. Hay padres que no están con sus hijos y no los llaman por teléfono, no les hablan cuando se encuentran, no los escuchan, porque saben que ellos están sufriendo; por eso, prefieren mirarlos desde la distancia.

Los hijos siempre expresan con sus conductas lo que somos sus padres. Ellos ponen en actos lo que nosotros no podemos expresar en palabras. Tal vez nuestros hijos hoy pasan por crisis de distinto tipo y en realidad están interpretando lo que somos nosotros. «Este desobediente, este desagradecido», es la queja de muchos padres, pero es posible que esos hijos estén actuando lo que ellos son. Nuestros hijos siempre ponen en actos lo que nosotros no podemos (o no queremos) poner en palabras.

No permitas que nadie mate al príncipe que hay en tu hijo, a la princesa que hay en tu hija. Nuestra tarea como padres es motivarlos. Ellos no son perfectos porque nosotros no somos perfectos, pero tenemos que aprender a motivarlos; ellos tienen que escuchar de nuestra boca siempre una palabra de motivación. Hoy en día lo más difícil de encontrar en este mundo es gente que motive a otros. ¿Por qué? Porque hay personas tan envidiosas, tan celosas, que no quieren motivar a nadie. Pero nosotros tenemos que ser los primeros en motivar a nuestros hijos, aunque veamos que el progreso es pequeño, aunque lo que hayan hecho sea pequeño.

Aprendamos a ser motivadores para que nuestros hijos logren sus sueños. «¡Vamos, sé que lo vas a lograr!», digamos a menudo. Cuando hagan algo, felicitémoslos por lo que hicieron, aunque sea insignificante. Podemos usar frases como: «Tienes propósito, tienes un destino grande. Empezaste por esto y vas a lograr mucho más.»

b. Levantar la estima de nuestros hijos

Podemos elevar su nivel de autoestima. Levantarles la estima consiste en ayudarlos con sus complejos. Los compañeros de escuela pueden ser muy duros entre sí. Hay chicos que son muy duros con los demás porque sus padres son duros con ellos. Por eso hay personas que, ya desde chicas, no pueden respetar ni valorar al otro. No solamente tenemos que darles a nuestros hijos las herramientas para que puedan pelear, sino también para que ganen y alcancen sus metas, respetándose a sí mismos y a los demás.

Para ayudar a nuestros hijos necesitamos dedicarles tiempo de calidad. Podemos llevarlos con el mejor profesional (y está bien que lo hagamos si lo necesitan), pero el profesional nunca podrá darles lo que los padres les damos. La tarea de educarlos es nuestra, no de los maestros de la escuela ni de los profesionales de la salud. Por eso, es fundamental, aunque tengamos muchas actividades, separar tiempo para ellos. De esa manera les demostramos que estar un rato con ellos es lo mejor que nos puede pasar.

Cuando lleguemos a casa, digamos cosas como: «Estos quince minutos o media hora que estuve con vosotros es lo más bonito que me pasó en el día», «Me hace tan feliz hablar con vosotros...», «Vengo del trabajo, pero estoy con vosotros y me siento relajado», «No veía la hora de estar este rato con vosotros». Así, nuestros hijos sentirán que para nosotros es agradable estar con ellos. Acariciémoslos, besémoslos y abracémoslos más. A veces se hace difícil, especialmente en ciertas etapas, cuando los chicos no quieren nada de eso, pero tenemos que seguir insistiendo. ¿Sabéis por qué? Porque nuestros hijos prueban la tolerancia que tenemos a la frustración; es decir, cuántas veces aceptamos un «no» de ellos y cuánto vamos a demostrarles nuestro amor. La tarea de los padres es demostrar amor a sus hijos.

c. Establecer reglas en casa

Debemos establecer reglas, pero pocas. Si les ponemos muchas, nuestros hijos no podrán cumplirlas. Podemos estar agradecidos con que cumplan una al menos, pero no nos esforcemos en que logren otras cosas mientras no hayan trabajado lo básico. Pongamos algunas reglas, nada más, y hagámoslas cumplir. Cumplamos nosotros también con el límite que les marcamos, pero no les pongamos muchos límites: que lleguen a tal hora, que los amigos vengan a casa, que coman esto o aquello, que estudien tantas horas, etc. Lo ideal es ponerles una o dos reglas y asegurarnos de que las cumplan.

Es bueno enseñarles que somos mamá y papá, pero también que no somos perfectos. Con nuestros hijos a veces seremos agradables, y a veces, desagradables. ¿Alguna vez hemos sido muy desagradables con los hijos? Enseñémosles que somos así porque no somos perfectos. A veces estamos enojados, o cansados, o frustrados.

No temamos a los problemas con nuestros hijos. No hay problema que el amor no pueda superar. Si no estamos presentes, dejémosles actos de amor: una carta, un desayuno preparado antes de irnos, una flor, una palabra amable, un mensaje. Un presente de amor en su habitación, o en la puerta de su habitación, en la cocina o en cualquier otro lado de la casa es un recordatorio de que los amamos y nos tengan presentes todo el día. Y cuando lleguemos a casa, procuremos relajarnos, aunque no nos sea fácil.

Nuestros hijos necesitan saber que el lugar más seguro y de mayor paz es nuestra casa. Transformémonos, como un acto de inteligencia emocional, en una presencia confiable y de gran fortaleza para nuestros hijos en el hogar, y que este sea ¡el mejor lugar del mundo!

FORTALEZA 22

Reconocer nuestro conflicto nos da fuerza interior para avanzar en la vida con más fuerza

1. ¿COMPLICADO YO?

A diario nos encontramos con personas complicadas, cualquiera que sea el ámbito en que nos movemos. Propongo el siguiente test para saber si somos personas complicadas. Popularmente decimos: «¡Qué neurótico/a!» Lo cierto es que todos, en mayor o menor medida, tenemos problemas, pero hay gente que es problemática.

- ¿Somos demasiado sensibles?
- ¿Sentimos lástima por nosotros mismos?
- ¿Tratamos de justificarnos siempre?
- ¿Solemos tener ansiedad?
- ¿Creemos que todo el mundo nos observa?
- ¿Somos celosos/as?
- ¿Disfrutamos de criticar a los demás?
- ¿Somos exagerados?
- ¿A menudo perdemos oportunidades?

- ¿Somos desordenados?
- ¿Somos hiperordenados?
- ¿Hacemos cosas tontas?
- ¿Nos enfadamos con facilidad?
- ¿Sufrimos de insomnio?
- ¿Tenemos dolores de cabeza frecuentes?
- ¿Nos quedamos dormidos durante el día?

> Lo verdadero es siempre sencillo, pero solemos llegar a ello por el camino más complicado.
>
> George Sand

Más de tres respuestas afirmativas nos acercan al hecho de ser una persona complicada. Estas son algunas de las características de la gente que carece de sencillez:

Complican lo simple

Hacen un mundo de algo sin importancia. «No me saludó... ¿por qué no me habrá saludado?... ¿estará enojado conmigo?», «Me mandó una carita feliz en el mensaje... algo debe de estar tramando», «¡Quiero que me atiendan y quiero que lo hagan ahora!».

Viven con angustia permanente

Si hablan, se preguntan para qué hablaron; y si no hablan, se preguntan por qué no hablaron. Si los invitan a una fiesta y asisten, piensan por qué no se quedaron en casa; y si se quedan en casa, piensan que podrían estar pasándolo bien en la fiesta. La angustia los acompaña siempre, ya sea que actúen o dejen de hacerlo.

Tienen miedos exagerados

Para ellos, todo es catastrófico. Si se torcieron un pie, ya creen que pueden tener ¡una fractura!

Allá donde van llevan conflictos

Llegan a un lugar de trabajo y causan problemas entre los empleados y los jefes; o a un equipo y hacen que se peleen sus miembros; o a un barrio y se llevan mal con todo el mundo.

Algunos suelen cambiar de trabajo y otros, de club o incluso de barrio.

No pueden disfrutar

No saben disfrutar de la vida porque la mayoría de las veces escogen tener una mala actitud. Todo lo que no disfrutamos, tarde o temprano lo terminamos perdiendo.

Culpan a los demás

La razón es que no pueden mirar hacia dentro. Según ellos, «la culpa la tiene mi pasado», o la situación del país, o tal persona... ¡pero nunca «yo»!

Son fanfarrones

Se creen mejores que los demás. Una vez le preguntó un papá fanfarrón a su hijo: «¿Qué quieres ser de mayor?» «Tonto, papá, porque tú dices: "Mira ese tonto el coche que tiene; mira ese tonto la mujer que tiene; mira ese tonto la casa que tiene. ¡Quiero ser tonto!"»

Cambian permanentemente de humor

«¿Vamos al cine?» «No, no tengo ganas.» «Pero ¿no querías ir al cine esta mañana?» «Sí, pero ahora no quiero.» En un momento están contentos y locuaces y al siguiente están de mal humor y callados. Son bipolares.

Son negadores

Niegan que tienen problemas porque no quieren que la gente se entere de que les va mal en el área económica, familiar o afectiva. Entonces ocultan la verdad y se muestran siempre bien.

Les encanta el chismorreo

Suelen llevar y traer cotilleos. Se enteran de todo y cuentan todo. Alguien dijo que el día que se cierren los oídos cotillas, dejarán de existir los cotilleos.

Estas neurosis que todos tenemos, en mayor o menor medida, se deben a que nos han transmitido ciertas ideas que son yugos mentales (familiares, culturales y religiosos), nos atan y no nos dejan mover ni avanzar. Por eso, necesitamos erradicarlas de nuestra vida. Todos los seres humanos llevamos cargas, algunas más pesadas que otras. A veces, cargamos con emociones muy pesadas. A tal punto que afectan nuestro cuerpo y, cuando las soltamos, nos sanamos tanto a nivel emocional como físico.

> He decidido seguir con el amor. El odio es una carga demasiado pesada de soportar.
>
> **Martin Luther King**

Hay gente que tiene cargas de palabras que no pronunciaron, sensaciones que tienen reprimidas y no logran soltar. «Yo nunca le dije tal cosa a mi madre, o a mi padre, o a mis hijos, o a quien sea, y lo tengo guardado», es el lamento de muchos. Y esas cosas que no se dijeron salen en el momento menos pensado cuando discutimos. Uno acumula emociones hasta que un día saca todo afuera, lo cual puede ser muy dañino para la salud.

Hay gente que va por la vida cargando recuerdos que la agobian, de abusos, de violencia, de maltrato, de algo que la lastimó. Eso también suele surgir en una discusión. ¿Por qué aparecen esas palabras o esos recuerdos de pronto? Porque nos pesan. Por eso, es fundamental quitar esas cargas, ya que estas son las que nos convierten en personas complicadas y pueden conducirnos a peores situaciones.

2. DOS APRENDIZAJES

Los seres humanos fuimos creados para el crecimiento y el avance, pero aun así podemos funcionar cíclicamente, al igual que la naturaleza con su ciclo lunar, solar, de rotación terrestre, etc. Esto ocurre porque el pensamiento circular se puede introducir en nosotros. Entonces, en vez de crecer, empezamos a tener circuitos negativos. Algunos, por ejemplo, forman una pareja, se pelean y se separan; al tiempo consiguen otra pareja, se pelean y se separan. Otros tienen circularidad en sus finanzas. Son pobres, hacen un buen negocio y progresan, pero pronto vuelven a ser pobres. La razón es que tienen pensamientos circulares, pero todos fuimos diseñados para ir de avance en avance. ¿Qué podemos hacer para no estancarnos y seguir avanzando?

- *Aprender a manejar las cargas*

Cuando llevamos una carga sobre nuestros hombros, nunca deberíamos aislarnos. Todo lo contrario, deberíamos compartir lo que nos sucede con alguien de confianza. Hace un tiempo conversé con una mujer que tenía un serio problema de salud. Pero como no deseaba preocupar a su familia, esposo e hijos, no les contó nada y afrontó gran parte del tratamiento sola. Por supuesto, le sugerí compartir semejante carga con sus seres queridos, porque la familia está para eso también. Finalmente les abrió su corazón y, para su sorpresa, todos lo tomaron con mucha calma y le brindaron el apoyo que necesitaba para enfrentar la situación.

Las cargas no enferman, lo que enferma es el secreto.
Los problemas no enferman, lo que enferma es hacerlos
un secreto.

El problema nunca es en sí la carga, sino mantenerlo en secreto. Cuando uno actúa así, tiene dos problemas: el problema real más el problema de tener que conservarlo en secreto.

Aprendamos, en nuestra pareja, en nuestra familia, en nuestro entorno íntimo, a compartir los problemas y a confiar en quienes nos aman. Podemos pensar que si lo contamos, se va a derrumbar todo. Pues hagámoslo de todas formas. Lloraremos y nos angustiaremos, pero volveremos a levantarnos porque somos más fuertes de lo que creemos. No tenemos que hacer secretos de los problemas, ni cargar con ellos solos. El hecho de poder compartir una dificultad nos alivia la carga grandemente.

- *Aprender a manejar el rechazo*

No importa lo que hagamos, siempre habrá gente que no nos querrá. No importa que seamos un hombre o una mujer importante, habrá gente que pedirá nuestra cabeza. Ser bueno no es igual a ser aceptado. Pensar: «Si lo hago bien, me van a querer», es un error. Hagamos lo que hagamos, a alguien no le va a gustar. No podemos agradar a todo el mundo. Si hacemos todas las cosas bien, habrá gente que nos querrá, pero también debemos aprender a gestionar el rechazo.

Hagamos lo que hagamos, algunos nos van a rechazar. No es cuestión de hacer, sino de si la persona nos quiere o no. Cuando alguien dice: «Hiciste esto bien, ahora te quiero», en realidad ya nos quería antes, y eso que hicimos bien es la excusa para expresárnoslo. Y cuando alguien dice: «Porque hiciste esto, te odio», en realidad ya nos odiaba antes y lo que hicimos mal es la excusa para expresárnoslo. No temamos al rechazo; a todos en algún momento alguien nos dirá que no.

Reconocer que tenemos conflictos, externos o internos, nos permite avanzar. La expresión del conflicto trae como consecuencia la disminución de la omnipotencia. Cuando yo expreso lo que me ocurre, salgo del lugar de Superman y me convierto en Clark Kent. Tanto Superman como Clark Kent son necesarios. Superman puede solo; Clark Kent tal vez pida ayuda. Pero ambos avanzarán. No temamos aceptar y expresar nuestros conflictos, no nos coloquemos una fachada de superhombre o supermujer.

> Los problemas son oportunidades para demostrar lo que se sabe.
>
> Duke Ellington

Simplemente abramos nuestro corazón y, una vez que lo hagamos, sorprendentemente hallaremos la fuerza para actuar, a pesar de las emociones negativas que nos abrumen. Todo conflicto bien expresado no debería ser una condición permanente, sino una situación temporal. Podemos recordarnos algo así: «Hoy tengo este problema, pero mañana me voy a levantar, pues todavía me resta un largo camino para llegar a mi meta.» Mientras hay vida, siempre hay caminos para seguir creciendo. No nos estanquemos. Soñemos cosas nuevas; los sueños son el combustible que nos permite cobrar fuerzas y avanzar. Donde hay visión, hay pasión. Donde hay pasión, hay fuerza. Donde hay fuerza, nada nos detiene.

Bibliografía

ABRAHMS SPRING, Janis, y Michael SPRING, *Después de la infidelidad*, Harper Collins, 2015.

AILES, Roger, y Jon KRAUSHAR, *Tú eres el mensaje*, Paidós, Barcelona, 1993.

AMADOR, Xavier, *Yo tengo razón, tú no, ¿y ahora qué?*, Zenith, Barcelona, 2010.

BALEGNO, L. *et al.*, *El realismo de la esperanza*, Gedisa, Barcelona, 2004.

BECOÑA, E., «Resiliencia: definición, características y utilidad del concepto», *Revista de Psicopatología y Psicología Clínica*, 2006, 11, pp. 125-146.

BENAVENT VALLÉS, E., *Espiritualidad y educación social*, UOC, Barcelona, 2014.

BERTRÁN, G., y S. ROMERO, *Resiliencia: ¿enemigo o aliado para el desarrollo humano?*, CIDE documentos, 1998, n.º 9.

BOGIAIZIAN, Daniel, *Preocuparse de más*, Lumen, Barcelona, 2014.

BOWLBY, J., *Vínculos afectivos: formación, desarrollo y pérdida*, Morata, Madrid, 1986.

CALVO, Isabel, *et al.*, *Pareja y familia: vínculo-diálogo-ideología*, Amorrortu, Buenos Aires, 1973.

CAMACHO, Santiago, *Calumnia que algo queda*, La Esfera de los Libros, 2006.

CARPENTER, J., y A. TREACHER, *Problemas y soluciones en terapia familiar y de pareja*, Paidós, Barcelona, 1993.

CHÁVEZ, Martha Alicia, *Todo pasa... y esto también pasará. Cómo superar las pérdidas de la vida*, Urano, Barcelona, 2008.

CYRULNIK, B., *La maravilla del dolor*, Granica, Barcelona, 2001.

—, *Los Patitos Feos*, Gedisa, Barcelona, 2002.

—, *et al.*, «La resiliencia: estado de la cuestión», en Manciaux, M. (ed.), *La resiliencia: resistir y rehacerse*, Gedisa, Barcelona, 2003.

—, *El amor que nos cura*, Gedisa, Barcelona, 2004.

DE SHAZER, Steve, *Pautas de terapia familiar breve. Un enfoque ecosistémico*, Paidós, Barcelona, 1989.

DRAKEFOR, John W., *El diálogo es posible para comunicarse mejor en la familia*, La Aurora, 1978.

GLASER, Judith E., *Inteligencia conversacional*, Norma, Barcelona, 2015.

HEATH, Chip, y Dan HEATH, *Switch. Cómo cambiar las cosas cuando el cambio es difícil*, Vintage, 2010.

IRVINE, WILLIAM, B., *Por qué duelen los insultos*, Océano, Barcelona, 2013.

KELLER, Hedwig, *El Arte de decir No*, Obelisco, Barcelona, 2005.

LIEBERMAN, David J., *Haga las paces con todo el mundo*, Amat, Barcelona, 2002.

LILLEY, Roy, *Cómo tratar con gente difícil*, Gedisa, Barcelona, 2002.

MANCIAUX, Michel, *La resiliencia. Resistir y rehacerse*, Gedisa, Barcelona, 2003.

MILLON, Theodore, y Roger DAVIS, *Trastornos de la per-*

sonalidad. *Más allá del DSM-IV*, Masson, Barcelona, 2001.

MINSHULL, Ruth, *Cómo escoger a su gente*, Publicaciones Dianéticas, 1981.

NARDONE, Giorgio, *Psicosoluciones*, Herder, Barcelona, 2002.

ROBERTS, Wess, *Tiranos, víctimas e indiferentes*, Urano, Barcelona, 2003.

ROCA, Elia, *Cómo mejorar tus habilidades sociales*, ACDE, Valencia, 2003.

RODRÍGUEZ CEBERIO, Marcelo, *et al.*; *Clínica del cambio. Teoría y técnica de la psicoterapia sistémica*, Nadir, Valencia, 1991.

—, *Ser y hacer en terapia sistémica*, Paidós, Barcelona, 2005.

STODDARD, Jill A. y Niloofar AFARI, *The Big Book of Act Metaphors*, New Harbinger, 2014.

STOTT, Richard, *et al.*, *Oxford Guide to Metaphors in CBT*, Oxford University Press, 2012.

WATZLAWICK, Paul, *Teoría de la comunicación humana*, Herder, Barcelona, 1993.

WILLI, J., *La pareja humana. Relaciones y conflicto*, Morata, Barcelona, 2002.

WILSON, Nelly G., y M. Carmen SORIANO LUCIANO, *Terapia de aceptación y compromiso*, Pirámide, Madrid, 2002.